How to Walk in High Heels

螺絲起子與高跟鞋

什麼都難不倒美麗的妳！

卡蜜拉・莫頓（Camilla Morton） 著

謹將這本書獻給全世界覺醒的辛蒂瑞拉、
大力揮動魔杖的約翰‧加里安諾
以及瑪諾羅‧布拉尼克

代序
約翰‧加里安諾 (Christian Dior首席設計師)

　　我所認識的卡蜜拉是無與倫比的人物，她既迷人又健談，這部分妳應該已經猜到了，不過，她對時尚品味所投注的熱情，你卻不見得知道。她站在時尚的火線上，永遠一馬當先、衝向前去緊咬潮流的風向，而且總是最後收手的一個。流行是她的生命之源，就像我一樣。她絕對是一位道道地地的「加里安諾女孩」。

　　這位英國怪胎住在巴黎的時候，也許並不知道該如何更換燈泡，但她帶來了自己的那盞燈，還有勇於嘗試任何事物的大無畏決心。在Diptyque蠟燭搖曳的光焰下生活，可能不是每個人都能做的事情，但對她來說，這代表蜿蜒開展的冒險之旅。不要被她的藍色眼珠所迷惑囉，因為在眼珠後面，隱藏了一位慧黠而覺醒的朋友，而且是獨一無二的人物。現在的她，除了盡力令周圍的人感到愉悅之外，她也將在家庭與工作室中施展拳腳、大展身手。

　　請各位好好享受這本書！

愛妳的

約翰‧加里亞諾，2005年3月於巴黎

目錄 *Contents*

PART 1　亮麗登場

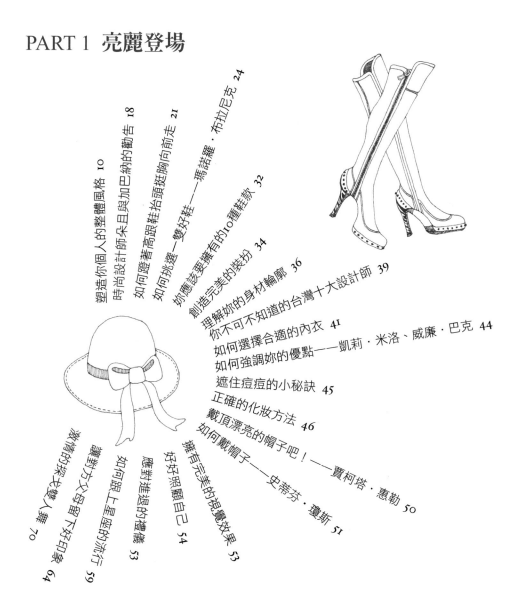

PART 2 成為社交高手

PART 3　解決妳的科技恐懼症

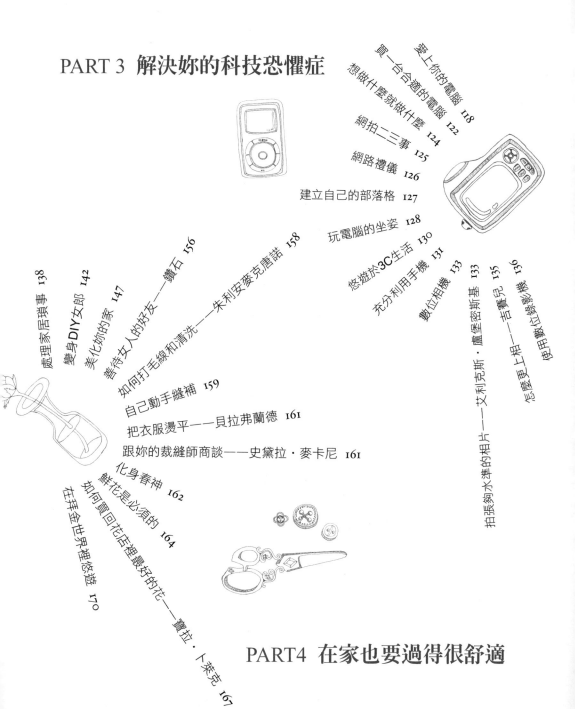

PART4　在家也要過得很舒適

PART 5 成爲旅遊玩家

PART 1

亮麗登場

「辛蒂瑞拉，你應該去參加舞會。」

——神仙教母。

塑造你個人的整體風格

「流行會退潮，但風格卻是永恆的。」
——伊夫‧聖‧羅蘭（Yves Saint Laurent）

樹立風格

打造風格是需要一點時間的，妳應該多多嘗試與練習。美國作家高爾‧維達（Gore Vidal）就說：「風格是指妳瞭解自己，以及妳知道要如何展現，並且不在乎別人的看法。」

有些人需要音樂，有些人需要燈光，而有些人需要香氛。但是最重要的，是在妳打開衣櫃之前，妳知道該如何有條理並冷靜地發揮創意。

或許首先妳應該先營造打扮的氣氛，像是使用香氣蠟燭，尤其是最頂級的巴黎老舖Diptyque的蠟燭。平常時用小蒼蘭香調，特別的場合則用約翰‧加里安諾（John Galliano）署名的蠟燭。晚香玉的香氣很適合燭光晚餐，從黑色蠟燭中散發出來的漿果香則適合誘惑別人。

音樂是很有用的，但在妳緊張的時候，它也可能幫倒忙。我覺得有些歌曲應該要加上警語，因為它們可能讓妳不合時宜地High起來，畢竟很少有人在隨節拍起舞的同時，還能正確無誤地描唇、整好髮型，而且穿好絲襪。妳應該要選擇古典樂、爵士樂，或是輕鬆柔和的Lounge音樂，以及其他能使妳心情好的音樂，而不是會讓妳分心的音樂。

如何在五分鐘之內速戰速決

1. 場合：

打扮之前一定要弄清楚妳要去哪裡，還有現場的服裝調性。

沒人會知道會在哪兒遇到未來的老闆／男友／最好的朋友，所以，妳的裝扮絕對不能出錯。如果妳有疑惑，可以翻一下《錢櫃》雜誌，那

種沒上妝／衣衫不整／出門丟垃圾的明星彩照，都不應該被看見，而且這種事也不能發生在妳身上。絕對不能讓人有機會看到妳的邋遢樣兒。

2.造型：

理論上，妳在前一天晚上就應該先想好自己的造型，才不會臨時抱佛腳，以致於匆忙地決定所有的一切。但如果妳沒有時間先想好，可以在淋浴時考慮明天要穿什麼，同時祈禱在妳拿出計畫要穿的衣服時，上面的鈕釦一顆也不少，而且不需要整燙。

除此之外，妳還要記得，一雙好鞋可以使任何造型更加完美出色。同樣，一雙不搭調的鞋子，也可以毀了整個造型。

3.焦點：

少就是多。先選一個視覺重點，一切得裝扮都圍繞著這個重點來搭配。某一天，妳的服裝可能想強調腰部或完美的胸型；另一天，可能講究的是服裝背後的立體剪裁。該怎麼強調重點，或者哪個部分應該要藏起來，都是妳應該學習的。

強調腰身——妳可以穿上低腰牛仔褲和短上衣，如果想要更加突顯，妳可以再穿上肚臍環，不過這只能在度假，而且是小腹平坦時才適用。要不然它會破壞你的身體線條，也會把衣服弄皺。

強調美臀——高跟鞋會使臀部翹起，可以非常有效地拉緊大腿的線條。緊身的直筒裙以及亞瑟丁・艾拉亞（Azzedine Alaia）的作品，都可以讓妳散發出致命的吸引力。記住，大即是美，想想瑪麗蓮・夢露的例子。

強調美胸——請向V領上衣的神奇魔力致意。不論上衣的V領是深、是淺，都可以成功地把別人的視線集中在該處，也突顯了乳溝的線條。

如果不確定該怎麼穿比較好，妳可以準備一件黑色小洋裝、乾淨俐

落的白 T 恤（法國的Petit Bateau是個好選擇），和一條漂亮的牛仔褲（Stella McCartney會是我日常的首選），以備不時之需。

4. 牙齒：

牙齒得用牙線清過再刷牙。如果妳堅持要吃有大蒜的食物，務必要用漱口水漱過。盡量提早做完這件事，因為，衣服若沾上牙膏是很難清理的，而且接下來妳還得上唇彩。

5. 化妝：

這是整體造型的重頭戲，如果出了什麼差錯，最糟可能會讓妳急病發作或產生偏頭痛，而不得不取消約會。

妳的目標是要看起來像雜誌裡的模特兒，只要想想：連她們自己都不知道化妝可以讓自己看起來這麼美，妳就會好過一點兒。專業的彩妝師、髮型師、時尚編輯與攝影師，都得花上好幾個小時才能達到這個效果，而且最後還要用Photoshop修圖才算一切就緒。一般人只有少少的五分鐘時間，就想要創造出這種超級模特兒的水準，妳不覺得很離譜嗎？妳現在知道問題的關鍵何在了吧？讓我們來好好化個妝吧!

第一，先以清水洗臉，越冷的水越能喚醒妳的肌膚，拉緊妳的臉部線條。再來是清潔與保養。

妳要習慣整套的化妝程序，可以不假思索地直接進行下一步。隔離霜、粉底、遮瑕、局部用明采筆打亮，然後再使用眉筆、刷上睫毛膏。大膽地使用彩妝，請記住，睫毛膏永遠不嫌多，眼睛可是靈魂之窗，好的眼妝可以使整個人看起來神采飛揚。

妳一定要強調臉上的某個器官，可能是眼睛，或是嘴唇，兩者只能選其一。紅唇應該搭配柔和的眼彩；而描上重彩的眼窩，裸唇才能夠與之協調。

不過這跟服裝一樣，都得視場合而定。好的燈光也是打造美妝的關鍵，事先了解妳出席場合的燈光照明，可能是更重要的工作。

　　妳在場合裡將：

　　與某人接近和親密接觸？如果是，妳得準備自然無瑕的清新妝容。

　　只可遠觀不可褻玩？妳需要紅色口紅。紅色是特別留給妳想要讓眾人簇擁與愛慕的場合。不過還是要提醒妳：紅色是很不好用的顏色，也不適合晚餐或需要高談闊論的場合。請務必避免牙齒沾到口紅，使用紅色唇膏時，盡量寡言，要講話之前先以舌頭在牙齒上掃過，再說出妳的高明見解。

　　避免在香檳杯上留下口紅印，喝香檳時可以順便用舌頭把杯口偷偷舔乾淨。如果這招沒用，那就握著杯口附近，低調地用大拇指擦掉口紅印。

　　假睫毛和黑眼線。假睫毛可能是最誘人的臉部配件，茱莉‧克里斯蒂與奧黛莉‧赫本是兩個最有名的例子。不過去游泳或看催淚電影之前，應該反覆思量是否要戴假睫毛。漂浮的假睫毛看起來像蜘蛛，很難跟人解釋這是造型的一部分。糊掉、暈開、流下來的睫毛膏，和留在香檳杯緣或領口的口紅印一樣，都是妳企圖優雅離席時的敗筆。

6.內衣：

　　慎選內衣是一件「茲事體大」的工作，要非常慎重地看待它（見41頁，如何選擇適合的內衣）。穿內衣最基本的原則，是胸罩和內褲要配成套。

　　需要穿胸罩嗎？需要強調胸部的曲線，還是要低調些？

　　請記住，在白色T恤裡面穿上黑胸罩，是一種犯罪行為。絕對不要讓胸罩的顏色透出來，上衣穿深色，內衣就穿淺色；上衣穿淺色，內衣

就穿粉彩和淡色系。有件事情妳一定要知道，白色胸罩在某些燈光的照射下，反而會反射出顯眼的紫外光，而且洗過多次後，還會泛灰。膚色胸罩絕對不會透出衣服外，而且更容易保養如新。

要定期汰換內衣。它開始看起來陳舊、磨損或褪色，請汰舊換新。會露出褲頭的丁字褲也要注意，如果一定會被看見，妳得選一條可以大方露的高級貨色。如果妳無法自拔地愛穿低腰牛仔褲，請花點錢買些時尚點兒的丁字褲。

7.香水，第一階段：

想想德國作家徐四金的名作《香水》，小說的主角一生「追尋女人無形的氣味」。雖然發生了謀殺案，劇情的確是有一點偏激，而且也不是妳想要的效果，不過，香水的確是少數幾種我們可以擁有的（合法）魔藥，很值得妥善運用。在穿衣前，可以先在全身裹上一層香氛，讓它被皮膚吸收。香水和香皂與身體乳液的香味融合在一起之後，就形成妳所獨有的香氛了。

請記得，香奈兒曾經說過，香水應該用在「妳想被親吻的部位」。

8.服裝：

到了這一步，事情總算開始具體了起來，妳應該在「造型」階段就決定好要怎麼打扮，但在這裡，妳得開始挑選衣服的品牌，不管是Dior或GAP。以從下到上，或是從上到下的順序掃瞄一遍，確認妳沒有忘記任何細節，然後舒服地穿、拉好每件衣服。永遠都要確認衣服是否熨平，並且保養得宜。（見161頁，如何熨燙衣物）

9. 整體造型：

快快地瞄一下鏡子，打量一下整體造型。眼妝夠濃嗎？還是上得太厚了點？是否有哪裡脫妝或出現瑕疵？妝容和衣服是否搭配得宜？穿衣鏡前的照明，是否可以忠實地呈現妳的真實樣貌？

10. 頭髮：

頭髮要蓬鬆還是要吹直？要挽起來還是自然垂下？這些在之前都要先想好，現在要做的只是開始梳理、盤結、纏綁妳的頭髮，讓它們就定位。使用整髮定型產品要小心，妳應該不會想要戴著一頂頭盔，讓妳旁邊的人窒息吧。

11. 鞋子：

鞋跟越高、價格越貴，就是越好的選擇。

「妳不可能蹬著廉價的鞋子，還能打扮得無懈可擊。」一手創立英國服裝第一品牌，並設計王室登基服裝的赫迪‧雅曼爵士（Sir Hardy Amies）如是說。

鞋跟越高、小腿繃得越緊，而且鞋跟越細，越能創造出更好的視覺效果。

12. 香水，第二階段：

這時候，為了避免香味太濃，妳可以往空氣中噴一團香霧，再從霧中穿過去。在耳垂後面、腰際與膝蓋上點上一小滴香水……，說不定會有人想親吻妳的裸足。

13. 頭髮：

輕輕地甩一下頭髮，看看定型是否夠牢。

14. 化妝與鏡子：

最後記得檢查一下牙齒，整理服裝，抬頭挺胸，臉上是否已經完美無瑕。

15. 微笑：

現在，妳可以向正在等妳的追求者，喊一聲：「進來吧，我好了。」好讓他們在當妳走下樓的瞬間，大大地讚美妳一番。

16. 檢查妳的包包：

參考第19頁，包包裡應該裝些什麼。

17. 外層─妳的外套：

永遠要給別人有機會為妳披上外套的榮幸，因為這是讓人們可以近距離欣賞妳的最好方式。他們不僅可以看到妳名牌混搭的功力，而且就功能性而言，讓別人幫妳披上外套，可以確保衣服會被拉到最正確的角度與位置上，突顯出衣褶與剪裁的特色，充分展現妳的穿衣品味來。

18. 唇蜜：

妳可以開始上唇蜜了，不用擔心會沾染到衣服。

19. 最後：

最後在鏡子前問問自己：「魔鏡啊～魔鏡，誰是世界上最美麗的女人？」然後，妳就可以出門了。

PS. 我要懺悔，這個章節的標題可能有點超乎現實了，我不相信妳能在5分鐘內完成以上18個步驟。在5分鐘內著裝完成，只有在睡覺前才辦得到，學學瑪麗蓮‧夢露只穿香奈兒五號上床吧，噴個香水能花多少時間呢？

如何在五分鐘內「真正」打扮完畢

有時候因為妳自己或他人突發的狀況，妳真的只有五分鐘可以換衣服、化妝。

這時，成功的關鍵是香水與想像力。

脫掉上衣，把頭髮盤起來（夠長的話），在穿衣前先思考、洗臉、刷牙。

噴上香水。

穿上伸手可及的乾淨上衣。

快速化妝，畫眉、上唇蜜。確定沒有脫妝（因為這會耽誤妳的時間）。化妝時在衣服上圍一條毛巾或穿上長睡衣，以防彩妝弄髒了衣服。

換鞋子，或是選好在路上更換的鞋，讓妳可以踩著平底鞋跑一段路。

在床上把手提包倒空，再重新裝回手機、皮夾與鑰匙。也許可以再塞進一條披肩、圍巾，或一件羊毛小外套。

把抓到的第一副垂墜耳環或是項鍊（妳平常很少用的那種）馬上戴上，或是開車時在遇到紅燈時戴上。請記得，也許妳疲倦又虛弱，但一些水晶可以讓妳的臉上有了光芒，讓妳看來閃亮動人。

拿外套。整理一下頭髮。開門。出發。

沒時間刷牙嗎？吃一粒蘋果。

沒時間吹乾頭髮嗎？梳一梳，並且把車上的空調開到最大。

如果妳真的遲到得不像話，招一部計程車，並請人代妳打電話通知對方說，妳已經在路上了。妳不會希望當妳好不容易趕到時，對方卻已經走了吧！

時尚設計師朵且與加巴納（Dolce & Gabbana）的勸告

「如果妳已經沒時間，又遲到了，不要太緊張！這很重要！選妳覺得容易換穿與配戴的衣服與配件，不要太貪心。化一個基本且自然的妝，再加一件珠寶或昂貴的配件，以及一滴性感的香味，妳就可以準備出門了。最重要的是自信、妳的個性和品味。做妳自己，妳就夠有型了。」

找個好藉口

「跟一般人比起來，通常美人比較令人願意等候，因為美人和凡人活在不同的時間軌跡裡。」安迪·沃侯（Andy Warhol）說得好。

即使妳很有誠意，但有時妳就是無法準時到達。小遲到一下是一回事，但嚴重遲到則是一種不尊重、沒禮貌的行為。

只有服裝秀和求婚有條件可以延遲，但也必須有個說服力十足的理由。以服裝秀而言，新設計師可以遲個三至四小時，而且還是因為這場秀真的是在萬眾矚目、人人爭睹的情況下。至於求婚呢，如果等了九個月還沒消沒息，就差不多可以放棄了。

這本書會教妳掰出適合的致歉理由：

0-20分鐘

不需要藉口。妳已經到了，還有什麼問題嗎？

20-45分鐘

讚美對方，使惱怒的他卸下武裝，然後輕鬆地致歉，把責任推給一些原因。妳可以參考以下句子：「噢，能再度和妳見面真是太好了！妳看起來氣色真好。攔計程車／找車位／塞車真的好可怕喔！」

含糊地説妳今天的遭遇有多慘，但注意不要講得太詳細，要快速地打成一片，繼續原來的話題。「今天真是糟到妳無法想像的地步！還好現在我終於到了，我有沒有錯過什麼？今晚還有誰不能來嗎……」等等。

一個小時以上

這得有個特別精彩且萬眾矚目的出場方式了，不過倒可以藉此提醒大家妳是多麼特別，不被正常的時間所左右。就像瑪麗蓮·夢露説的：「我常常遵守日期，但是從來不遵守時間。」

為了打造令人耳目一新的出場方式，並且準備好接受所有人的注目禮，妳得做點功課。看看電影《火爆浪子》（*Grease*）中珊蒂驚人的轉變；或是《窈窕淑女》（*My Fair Lady*）中伊莉莎·杜莉特如何成為淑女；莫莉·林沃德（*Molly Ringwald*）在《紅粉佳人》（*Pretty in Pink*）中，準備參加班級舞會的片斷；或是茱莉亞·羅伯兹的《麻雀變鳳凰》（*Pretty Woman*），永遠值得妳一再回味。重點全在於妳的服裝調性。選一片適合的DVD來研究，妳可以得到一點概念。

包包裡究竟要裝些什麼

女生的手提包是她個人隱私的聖殿，只有極特別、深愛以及信賴的人，才有那份榮幸能夠一窺堂奧。

妳最好有兩個袋子，一個是像哆啦A夢的口袋，讓妳帶齊所有需要的東西，還可以在裡面塞進另一個誘人、精緻、薄巧的晚宴包。只有少數天之驕女可以不帶包包就能出門，不是她們的男伴在西裝裡掖了一條口紅，就是外頭有司機待命，或是她們真的非常美麗。

在以上三種情況發生之前，妳得做好準備。

妳包包裡絕對要準備的東西：

手機——現代人的必備品。

皮夾和錢——證明你並非一貧如洗。

筆記本——靈感可能在任何時候來叩門。

筆或鉛筆——妳不會知道可能要抄下誰的電話號碼。記住：筆一定
要有蓋子，否則可能會弄髒包包的內襯。

口紅——第一條口紅用來補粧，第二條便宜的口紅則是為了簽名或
交換電話號碼。妳沒必要在不感興趣的人身上，浪費昂貴
的香奈兒口紅。

唇蜜——在性感的嘴嘴上增添亮澤與微光，而且沒鏡子也可以很方
便地使用。

香水——專櫃贈送的小樣品，外出時最好用。

鑰匙——家門鑰匙與車鑰匙。

安全別針——鈕釦總在最不適當的時刻脫落，做好準備總沒錯。
從旅館可以拿到的小縫紉包非常好用。

粉盒——如果妳出門時忘了帶粉餅與鏡子，請回去拿。

電話簿——記上幾筆緊急電話、工作往來、朋友、可能的情人，以
及能提供實質協助的人的電話。

行事曆——記上妳的重要會議與未來的約會。

名片——妳不用表現得很積極，就可以給別人妳的聯絡資料。

梳子

面紙

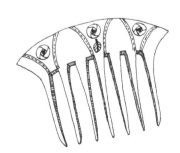

如何蹬著高跟鞋抬頭挺胸向前走

「我不知道是誰發明了高跟鞋，不過所有女人都欠他很多。」

——瑪麗蓮·夢露。

如何選擇鞋跟

有一則謠言說，鞋跟是達文西（Leonardo da Vinci, 1452－1519年）發明的。一直以來，鞋跟因為它獨具風情的魅力，及其增高效果，廣受男人與女人的喜愛。

一雙好的高跟鞋跟就像一部新車，或是一件不可思議的藝術品，妳垂涎、品味、讚賞，並渴望擁有它。一雙好鞋會讓妳以最誘人的角度傾斜、款擺。何必要動刀整型或是上健身房苦練？一雙鑽孔錐跟，就是最有效的即時苗條處方。

首先，妳得理解這世界上有各種不同程度的痛苦，會讓妳付出不適當的忍耐力，但是妳越常穿高跟鞋，它們就越不會讓妳不適應。美國總統羅斯福說過：「妳得先花錢才能賺錢。」投資一雙瑪諾羅·布拉尼克（Manolo Blahnik）的鞋，那唯一高達10公分卻可以舒適地穿出自信的鑽孔錐跟，妳等著讓雞尾酒會與晚餐的邀約淹沒妳吧！

在妳走進鞋店前，請確認妳的腳才修過趾甲，並且塗上趾甲油，即使妳穿的是包鞋（見34頁如何修趾甲）。絕對要自己去買鞋，尺寸和剪裁、樣式與鞋跟的傾斜度都很重要，買之前一定要試穿。一雙不合腳的鞋子，只能拿來當武器。

鞋跟越寬，承受妳體重的面積就越大。如果妳覺得站不穩，就得增加鞋跟寬度。船型鞋跟和厚底鞋是立即增高，而且瘦大腿的好法子。不同的鞋跟高度會呈現出不同的性格：5公分：很平；7公分：可以應付日常生活；9公分：野性；10.5公分；符合專業的審美標準。

穿高跟鞋走路就像騎腳踏車，妳一旦學會穿，就永遠不會忘記。站穩腳步，準備接受高跟鞋的洗禮吧。

誰是瑪諾羅・布拉尼克

只要是有一點時尚常識的人，應該都會知道誰是瑪諾羅・布拉尼克！

瑪諾羅・布拉尼克是鑽孔錐跟鞋之王，這種鞋跟廣受時尚界重要女性的鍾愛，從美國哈潑時尚的傳奇人物安娜・溫吐爾（Anna Wintour）、《慾望城市》的凱莉、妮可・基嫚、名模亞曼達・赫雷克（Amanda Harlech）、名模周天娜（Tina Chow），以及最近三十年妳能想到的任何時尚女性。

當然，世界上也有其他很成功的鞋類設計師，但我就是鍾愛布拉尼克。

布拉尼克1942年11月27日出生於聖塔克魯茲・德・拉・帕瑪，他是半個畫家與雕刻家及半個工程師，就像是畢卡索加上愛因斯坦，他也是魔術師兼發明家。

這個品牌創立於1971年，濫觴於美國《Vogue》的資深編輯黛安娜・維蓮（Diana Vreeland）的宣判：「年輕人，你做鞋子吧！」於是，布拉尼克就開始做鞋，此後他與一干名設計師，如奧西爾・克拉克（Ossie Clark）、約翰・加里安諾、亞瑟丁・艾拉亞，以及其他妳一聽到名字就會腿軟的時尚巨擘合作。

他總是親自動手將鞋弓彎曲、雕刻、磨光鞋楦，直到理想中的美麗形狀出現後才肯罷休。由於他的審美觀及對航空動力學的精研，瑪諾羅・布拉尼克做出來的鞋跟，就算高如燈塔，卻能夠頑強地保持如履平地般的舒適，因此令人難以抗拒。

二〇〇三年時，設計博物館（Design Museum）為了慶祝他的倫敦分店創立三十周年，為他舉辦了個展。如果妳想得到瑪諾羅‧布拉尼克更進一步的資訊，最好是到他的店裡，親自試穿他的鞋子。

　　而如果妳還希望進入其他高級鞋類設計師的王國，則可以試試紅鞋底的克里斯坦‧盧布汀（Christian Louboutins）、周仰傑（Jimmy Choo）和吉娜（Gina）的高級鞋類作品。年輕設計師如：奧莉維亞‧莫利斯（Olivia Morris）、皮耶‧哈迪（Pierre Hardy）或喬奇娜‧古德曼（Georgina Goodman），都是炙手可熱的年輕設計師，古德曼還是布拉尼克的弟子。其他的鞋類品牌，最值得注目的還包括：Marc Jacobs、Miu Miu、Prada、YSL、Dior、John Galiano、Gucci和LV等品牌。

想知道更多關於鑽孔錐跟的歷史，請參考：

《你不可不知道的經典名鞋及其設計師》，琳達‧歐姬芙（高談文化，2006年出版）

《鞋子：時尚與幻想》（Shoes：Fashion and Fantasy），柯琳‧麥道威爾（Thames and Hudson, 1994年出版）

《鞋子，鞋子，鞋子》（Shoes, Shoes, Shoes），安迪‧沃侯（Bulfinch, 1997年出版）

《瑪諾羅‧布拉尼克圖稿》（Manolo Blahnik Drawings, Thames and Hudson, 2003年出版）

《瑪諾羅‧布拉尼克》（Manolo Blahnik）/柯琳‧麥道威爾（Harper Collins, 2000年出版）

如何挑選一雙好鞋
瑪諾羅・布拉尼克，鞋類設計大師

好的鞋跟會選妳。不要盲目追隨時尚，而是要追隨妳自己的感覺，妳必須站得又高又挺。永遠要忠於妳的第一選擇，和妳心底的反應，因為這是妳的靈魂在發言。妳必須選那些讓妳看來更興奮，讓妳覺得更有冒險精神的鞋子。

我的鞋子一點都不時尚，它們展現了想要出去玩的心情與歡樂時刻。每雙鞋都必須讓我激動，這是我得自己檢查每雙鞋、每個鞋楦的原因。如果它們不能取悅我，它們就過不了關，所以我大部分的時間都在工廠裡工作。不要讓妳自己因時尚而分心，因為這樣一來妳就得每年清三次衣櫃，這很沒道理，它會讓妳的風格變得像個精神分裂症患者。

保持原創，觀察潮流，但不要為了抄襲而抄襲，堅持一些妳自己的想法。我每天觀察著不同的地方，都會被某些啟發我的東西所吸引。我對「奢華精品」與俄國，一直有種不可思議的偏愛，最近我剛從莫斯科回來，一想到俄國仍使我萬分激動。我從沒想過除了書本之外，竟然還有別的方式可以理解托洛斯基和三姐妹。我常常說，要回歸本心，要從旅行去找妳的靈感泉源，這是所有偉大藝術家和浪漫主義者都必須做的事。

我一直在做鞋……即使是在潛意識中也是一樣。我知道這聽起來很陳腔濫調，但那是真的。小的時候，連庭院裡的蜥蜴和狗，都逃不出我的魔掌，我會拿巧克力糖紙摺成牠們的小鞋子。我一直在為腳弓彎折與塑形。雖然，我如何到紐約發展並且遇見維蓮女士，一直都是一則傳奇，但我真正理解製作鞋子是我的宿命，並下定決心要在這個領域放手一搏，是在我移居倫敦的時候。

我想妳一定經常展示妳的趾縫。趾縫非常重要，可以展現鞋子的性感。但是要小心，妳只能露出前面兩個趾縫，不要露出太多，因為妳不是那種類型的女孩……。至於鞋跟，甜心，鞋跟得高才行。穿上高跟鞋，妳的改變立即可見，效果也是十足戲劇性的。鞋跟的高度應該視妳覺得有多危險而定。我得說，穿得愈高愈好！我覺得女人應該穿上起碼9公分高的高跟鞋，才能怡然自得。對我而言，終極鞋款應該是西班牙紅色皮革製成的美麗高跟舞鞋，帶著點危險又十足侵略性的意味。

當妳穿上高跟鞋，只要再抓兩件黑洋裝，並且在手提箱裡裝上20雙鞋子。讓鞋跟代替妳發言，妳就可以出席任何場合。

我希望我的鞋子是舒服的。我曾和製鞋師長期合作，他們曾經研習過去兩百年的製鞋傳統，我從中也偷學到一點技巧。我自己不穿女鞋，我沒有嘗試變裝的興趣，那不是我的風格。但我喜歡親手製作每件作品，讓它們盡可能舒適。我的鞋是用來跳舞、生活與行動的，妳不能穿上會讓妳跛腳的東西，那種東西拜託把它們扔了吧！

當妳穿上高跟鞋走路，不要認為妳得完美無缺。舉步維艱與危危顫顫，看來也別有一番魅力。我記得曾經看到一位大眼睛的金髮女性（後來我才知道她是本書作者卡蜜拉），我喜歡她穿上高跟鞋走路的模樣兒，我喜歡看她搖擺和晃動的姿態，以及試著走上階梯和在路況不佳的街頭上行走的模樣。她現在走得很好，不再這麼搖搖晃晃了。她有獨特的個性，我認為那正是妳應該努力的目標。妳不能只是一條時尚的輸送帶，妳得是一個獨立的個體。

現在我正在創作布爾喬亞品味的東西——鱷魚皮、奢華而且昂貴。但是女孩們，甚至是小女孩仍會到我的店裡流連忘返。妳能想像嗎？真可愛，我喜歡看到小女孩想試我做的鞋子的模樣。我喜歡我做的東西，我也不會輕易改變，更不會回頭，而且妳也不該這麼想。學習做個勇敢無畏的自信女孩，而且總是穿上妳最好的鞋子昂首闊步向前走。

什麼時候該穿上高跟鞋

高跟鞋不只適用於晚宴上，只要妳有冒險精神，它們也可以搭配長褲、牛仔褲、牛仔裙、迷你裙和睡衣穿。妳必須考慮各種地點和場合，讓高跟鞋發揮最大的功能。

天氣──只要有一點下雨的徵兆，麂皮、緞面和淺色系的鞋子，絕對不要穿出去。

地毯的厚度──密織的絨毛地毯代表抓地力不佳。鞋跟的高度與寬度，都應該考量到這一點。

意外狀況──注意小鵝卵石、草地的地面，以及水溝蓋，附近有沒有才在學步的小朋友。如果階梯沒扶手，踏上去就免了吧。

男伴太矮──在妳穿上最高的鞋子之後，如果妳的護花使者比妳矮小，立即甩了他！一雙瑪諾羅·布拉尼克可以穿一輩子，妳不應該為了愛，放棄風格。

收起矮跟鞋──不要讓任何人，尤其是男性，說服妳說：穿上方錐矮跟鞋很性感，那絕對是屁話。它們其實等於粗大腿和粗腳踝。而且與一雙適合的高跟鞋比起來，它們會讓妳更不舒服，而且更會造成下背與腳弓疼痛。

服裝風格──這會影響妳選擇鞋子的高度與風格。例如：露跟鞋適合晚宴，但是跳舞則需要繫帶鞋。鞋跟越細，鞋弓越高，妳的地位就越高。布拉尼克的10.5公分釘跟搭配鱷魚皮，是淑女的終極象徵，任何人都得萬分尊敬地仰望妳。不過，繫帶的鑽孔錐跟和超高的釘跟，並不適合穿去見未來的公婆。

交通方式——打扮得像明星的妳，如果有人可以接送妳是最好的了，要不然也不能被人看到妳在街上等巴士。記下叫車的電話號碼，搭計程車吧。

謹記妳的弱點——如果鵝卵石地面是妳的弱項，請妳走柏油路。如果站8小時會逼出妳的眼淚，在這之前就要告退。除非有人可以送妳回家，否則不要喝到腳步蹣跚，酒精和高跟鞋不該被連在一起。

定期保養——瑪麗蓮‧夢露是如何做到風姿綽約，纖腰款擺的？她要求鞋匠把一隻鞋做得比另一隻低半吋，所以她的臀部永遠誇張地擺動。我們當然不必做到這樣，只需讓鞋匠幫妳削掉一隻鞋跟的橡皮墊幾公釐即可。除了削橡皮墊，鞋匠還可以為妳的高跟鞋增加好幾年壽命。鞋面和鞋跟橡膠墊都應該定期保養。

妥善收藏——瑪諾羅說：「把鞋放在鞋架上，在裡面塞上襯料，來維持鞋型。」妳也可以把它們收在鞋盒裡，而且在鞋盒外貼上鞋子的照片，好讓妳更容易找到它。

投資一雙好鞋——這是人工整型、治療和魅力的三合一組合，非常值得時尚淑女們投資。

適當的休息——疲憊的雙腳會讓妳無法移動半步。可以整天穿著高跟鞋的人，只有專業模特兒，她們的雙腳延展性就像塑膠一般。

關於鞋子的二三事

☆ 瑪麗‧安東尼皇后有一位專門負責保養鞋子的僕人，為她照顧五百雙以上的鞋子。

☆ 歐洲人蓋房子的時候，會把一隻鞋子埋在牆內，以帶來好運氣。不過可別使用太好的鞋子喔。

☆ 辛蒂蕾拉的舞鞋不太可能是玻璃做成的，它們比較可能是毛皮。我相信當初在翻譯時可能出了點差錯，法國人說的毛皮「vair」被寫成「verre」（玻璃）了。

☆ 馬靴是幸運的象徵。

如何穿上高跟鞋

新手應該從「較結實」的鑽孔錐跟入門，選一雙有腳踝繫帶和鞋幫的鞋子，才不會穿一穿就掉了。

至於高跟涼鞋和高跟拖鞋，能夠不掉只能靠運氣了，這是給進階班的人穿的。

練習穿高跟鞋時最好是裸足，如果妳一定要穿襪子，可以試試魚網襪。直接穿上去比較容易走路，而且腳汗會讓妳跟妳的鞋子更貼合。

坐在椅緣，雙腳分開在地上放平。背打直，肩膀向後，頭抬高。抬起右腳，像首席芭蕾女伶般腳尖點地，弓起腳背，滑進高跟鞋裡。在妳繫上鞋帶或拉緊釦帶之前，讓腳趾扭動一下，以適應新的抽筋感，再來換成左腳。

現在妳應該可以感到腳趾被往前推，微微地拉緊，這時妳的膝蓋會自然地朝下與朝後推。確定鞋帶都扣緊了，微微朝後挺，臀部夾緊，縮小腹，慢慢地站起來。妳的小腿和膝蓋應該感覺被拉緊了，就像妳的下背部一樣。體重應該落在鞋跟頂端和後腳跟上。

將妳的手掌扶住後腰，一邊屁股放一隻手掌，開始繞著房間走。這會幫助妳檢查臀部的角度，發展出新的律動。如果妳有點累，可以把重心放在某一邊。這不只是個撩人的姿勢，也可以讓另一隻腳休息。

　　鞋跟越低，妳就該將重量越向後移。走路的時候，想像著每走一步，妳的屁股都在劃著8字，而且妳會被往前拉。想像自己走在鋼索上，延展、挺直軀體，並且讓屁股先移動。想要加速練習走步，妳可以在健身房的跑步機上穿高跟鞋練習。但是如果妳已經花錢買了一雙瑪諾羅，妳可以用更便宜、更有效率的方式練習滑步，體會大無畏的精神。

如何走滑步

　　當優雅的女性走進房間時，她看起來就像飄浮在空中。妳要記得，每個人一開始都不會，祕訣是練習、練習、再練習。

　　練習滑步的最好地方是超市的走道，還有手推車這個輔助工具。妳不需要在意任何奇怪的眼神，他們若不是沒想到這個好主意，就是懷疑為什麼像妳這麼漂亮優雅的人，竟然還得自己出來購物。穿上高跟鞋，握住推車的把手，妳上路了！右腳、左腳、右腳、左腳……儘管需要一點點適應的時間，但妳應該掌握到走步的韻律了。

　　一開始，先決定可以使妳舒適與自信的步伐與節奏。如果妳剛好選到了妳想要買的東西，那麼算妳賺到了。走過幾條走道之後，你可以開始變換速度，練習走走停停，甚至是走到角落去。接下來，妳可以練習擺臀和充滿個人風格的步伐，例如：彎腰、轉身和也許一點點後踢。不要猶豫，開始練習展開妳的鑽孔錐跟自信。

走在各種材質的地面上

事先知道你將遇到哪種路況，是非常重要的事情。

地毯——地毯的絨毛越厚，風險就越大。妳可以像划篙似的踩在地毯上。如果地毯是妳的，儘量穿著粗跟的鞋，因為細跟的鞋比較傷地毯。

人行道——注意避開地上的坑坑洞洞和水溝蓋，鞋跟愈細愈要小心。盡量不要去走鵝卵石路。不過，可以的話，還是叫輛計程車吧。

大理石——大理石地板非常容易滑跤，妳絕對要小心。如果一定要走，可以事先將鞋底雕出溝槽。

鵝卵石——這種路面最糟，鵝卵石地面凹凸不平，妳的腳不可能平放在上面。下雨天時絕對不要走上去。

木地板——木頭開始朽爛會從外圍開始，所以妳最好是走在木頭的中間。直線前進，抬起頭快速穿越。

手扶電梯——站在向上移動的電扶梯還算輕鬆，妳可以讓後跟懸空。請記住扶住扶手，不要讓鞋跟卡在溝槽當中。

機場——在機場妳必須走很多路，所以，請穿上舒服柔軟的鞋子，把高跟鞋留在著陸以後再穿吧。

開車——開車時記得裸足或穿上平底鞋，絕不要穿高跟鞋開車。任何緊急停車或煞車，都可能使妳的鞋跟卡住。也不要穿著厚底鞋開車，妳會無法感受煞車的力度與聯動點。

當妳的鞋跟斷了

高跟鞋的鞋跟裡埋了一支不鏽鋼支桿，如果是新買的，應該不會斷掉。如果鞋跟在妳外出的時候斷了，妳得知道該怎麼應變。如果還連在鞋上，試著找家修鞋店，讓他們立即幫妳修理。如果鞋跟跟鞋面整個分家了，把鞋跟收好，也許之後還可以修好。

只要情況許可，馬上去買雙新鞋，或者回家換雙鞋。

如何穿絲襪

先把整條腿抹上乳液，再套上絲襪。

「丹尼」是絲、嫘縈絲，以及最常見的尼龍的厚薄單位。丹尼數越高，織物就越厚。

吊襪帶是基本配件，瑪麗蓮・夢露在《熱情如火》（*Some Like it Hot*）中，導演從背後拍攝她出場後一路搖曳著上火車，是及膝裙最經典撩人的示範作品。

妳應該要擁有的10種鞋款

高跟包鞋

上班、開會、表現時尚OL專業的一面，妳就需要這一雙！如 Ninewest、Enzo Angiolini……等基本款鞋。

平底鞋

開車、逛街的良伴，除了TOD'S經典的豆豆鞋，沒什麼可以推薦的 了。

長短靴

種類繁多，軍用、龐克都好看又好搭，最好是穿脫方便的拉鏈款。

運動鞋

就算不運動，也要常備一雙裝裝樣子，高統、低統，甚至是瑜珈鞋 都好。

勃肯涼鞋

懷孕或是長時間購物，勃肯的各種鞋款都適用。不過需要注意一 點，常穿勃肯會變邋遢，不要忘記注重造型和搭配。

休閒帆船鞋

海洋風絕不退流行，沒有一雙怎麼行。

高跟涼鞋

時尚女必備品，以《慾望城市》的凱莉為代表人 物，有修長腿型的效果。

名牌雨鞋

　　裝可愛，造型的用處大於實際功能，歐洲靚女人腳一雙。

古典娃娃鞋

　　經典款是Chanel、Salvatore Ferragamo的平底芭蕾鞋款，有跟無跟或有帶無帶都好看。

夾腳拖鞋

　　好穿人字拖，原本是去海邊沙灘穿，現在穿名牌拖，陪你走過大街小巷，能穿出風格才夠嗆。

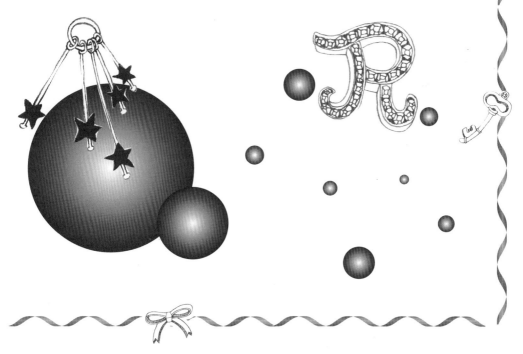

創造完美的裝扮

首先妳得知道妳是誰，然後據此裝飾。

——希臘哲學家愛比克泰特斯（Epictetus，55-135）

修趾甲與足部保養

如果妳經常穿高跟鞋，就要小心照顧妳的腳。就像車子要定期維修一樣。妳也得定期修趾甲，足部經常被過度使用，卻也常常被遺忘與忽略，請好好愛它們，一個月至少修腳趾甲一次。

首先，先去掉舊的指甲油，然後把腳泡在溫水裡，等個15到20分鐘。

修剪後直接修挫腳趾甲。

泡過溫水以後，妳的腳皮應該變軟了，把腳皮去掉。

用絲瓜絡或浮石把腳底變硬的死皮去掉。

把腳趾分開來。把毛巾摺成長條，在腳趾間來回磨擦。如果妳想要更有光澤，可以使用磨光板。

在腳趾甲擦上Base護甲油，乾了以後才可以上指甲油，這個步驟非常重要，不可以省略。指甲油最好不要買便宜貨，品質不好的指甲油會傷害妳的趾甲。

指甲油上好以後，再以棉花棒沾去光水，把擦壞的地方修掉。再讓指甲油自然風乾。

最後再擦上Top護甲油。過一小時再穿鞋，以確保指甲油都乾透了。

最後，順便連手上的指甲也一起處理吧！

如果妳的「柔荑」不夠柔細也未曾保養過，戴鑽石戒指是沒什麼意義的。塗指甲油，好好保養手指，是天經地義的事情。不過，指甲越長，就越難打字、寫字，這點要注意。

指甲油應該存放在冰箱裡，用起來才會更順手、更好塗抹。

顏色與色彩的搭配

紅色——是危險、淫蕩與性感女妖的色彩，想想瑪麗蓮‧夢露與麗茲‧泰勒。

深紅色——是蕩婦；紫紅——則是令人垂涎但卻有毒，像是《黑色追緝令》的鄔瑪‧舒曼。

粉紅色——是小女孩、秀氣、漂亮與甜美的象徵，例如：葛麗絲‧凱麗。

透明——意味著好女孩與辛勤工作的人。在我心目中，奧黛麗‧赫本和卡洛琳‧貝塞特‧甘迺迪（Carolyn Bessette Kennedy）是這一型女性的代表。

膚色和奶油色——表示妳保養得宜，打扮精緻。所謂的法式修甲是指在白色底上面，打上透明的光澤。

流行的顏色——如亮光、黑色或藍色，只適合伸展台或十五歲時的妳，不建議時尚女孩貿然嘗試。

理解妳的身材輪廓

「在我的時代，熱褲是我們有，卻不穿出去的東西。」

——貝蒂‧黛維斯

身體就像大提琴，妳的職責是去了解該如何彈奏它。

每個人的體型與尺寸都不同，儘管我們都渴望擁有像雜誌裡那種「完美的九頭身」的身材，但是在現實生活裡，這是不可能的事。每個人都有其特質，了解妳的身體線條，至少誠實地知道它在沒有噴霧處理，與萊卡加持的情況下是什麼樣子，並且學習保養它。

妳需要運動來保持身段，不一定要很激烈的運動，妳也可以利用跳舞、瑜珈與逛街，輕鬆地達成這個目標。

要能夠補強與提升妳的天賦優點，妳必須知道自己的身材類型是什麼模樣：

纖長型——是奧黛麗‧赫本，還是雅克塔‧惠勒（Jacquetta wheeler）？

超骨感型——像崔姬，還是像凱特‧摩斯？

上圍豐滿型——珍‧曼斯菲爾德（Jayne Mansfield），還是豐滿如蘇菲亞‧羅蘭？

梨形——例如：莫尼卡‧貝露奇，或者是凱薩琳‧麗塔‧瓊斯？

男性化／平直身形——想想瑪琳‧黛德瑞希？

翹臀型——比如迷人的珍妮佛‧羅培茲，或者碧昂絲？

曲線起伏、凹凸有致——像瑪麗蓮‧夢露，還是像碧姬‧芭杜？

高挑型——妮可‧基嫚是最佳代言人。

嬌小型——如：凱莉‧米洛。

站在一面全身鏡前（如果家裡沒有，可以利用服裝店的試衣間）來觀察，並且學習了解妳自己的身體。

　　認識妳的優點。妳穿上了有鋼圈支撐的胸罩，以及可以提臀與美化身材輪廓的內褲之後，現在妳可以繼續穿上設計師的名牌外衣。強調妳最有價值的優點，而不是專注在遮掩缺點上。

　　誠如蘇菲亞‧羅蘭所說的：「女人的洋裝應當如有刺拒馬，要達到目的又不阻礙視覺。」

　　誠實是最重要的課題。當妳一旦知道自己的長處與短處，就會知道該如何隱惡揚善。「讓妳的朋友站在附近，但妳的敵人要更接近。」當妳想了解真實的自己，這是一句非常受用的話。

如果妳擁有：

纖腰——可以選擇低腰褲／裙，把襯衫在腰上打個結。短上衣不是專為小甜甜布蘭妮所設計的，它也可以為妳展現十足的自信心，和不計後果的放縱（例如在假期與特別場合的時候穿著）。

豐胸——妳可以戴上項鍊，把人的視覺往下調，並且穿上大領口的襯衫。細肩帶上衣是很好的選擇，會讓妳看起來不至於緊緊繃在衣服裡，或感覺行動受限。但只有在其他部位有足夠支撐時，細肩帶才是最好的選擇。

寬肩——不要穿有墊肩的衣服，選擇開襟羊毛衫或上衣，立體剪裁的衣服也很好。

大腿粗——穿寬鬆的長褲或飄逸的裙子吧。

手臂太細——把肩膀蓋住，使用披肩，或是穿雪紡紗質料的有袖衣物。

長腿——幸運的妳請穿迷妳裙，幹嘛要把它們藏起來？

美臀——妳得展現出迷人的火力，建議妳穿直筒裙。

小腹突出——穿長褲，上身搭配寬鬆有垂墜感的上衣、公主式高腰洋
　　　　　　裝、合身夾克和任何腰際不會太合身的衣服。

屁股大——把臀部藏在寬鬆的上衣及飄逸的女性化裙子中，並強調身體
　　　　　的其他部位。

過度豐滿——大即是美。想要看起來有曲線並且迷人，請從頭到腳穿上
　　　　　　黑色。

記住，沒有任何人做以下的穿著打扮，還可以看起來美麗迷人：

　　橫條紋衫
　　白色牛仔褲
　　整套的法蘭絨運動裝
　　白色緊身褲
　　藍色口紅
　　粗布工作服
　　雪靴

你不可不知道的台灣十大設計師

王陳彩霞

　　有夏姿「SHIATZY CHEN」這個品牌，風格理所當然地帶著濃濃的台灣味。

溫慶珠

　　喜歡蕾絲、牛仔布、華麗刺繡等浪漫風格的妳，絕對不能錯過ISABELLE WEN。

黃淑琦

　　她擅長充滿女人味的禮服設計，妳若是偏愛優雅合身線條，這將是妳的首選。

陳季敏

　　風格沉穩洗練，著重剪裁和質感，講究俐落都會風格的妳不可不試。

呂芳智

　　呂芳智著重修長寬鬆的線條，可以方便地組合配搭，非常實穿。

潘怡良

　　她將針織布的藝術發揮地淋漓盡致。

葉珈玲

　　「Ecco」是不少五、六年級女生擁有的第一件職場入門款品牌，歷久彌新。

竇騰璜 & 張李玉菁

　　張李和竇子是時裝界很著名的夫妻檔，他們以生活形態來看待流行，設計走向十分多樣化。

洪麗芬

　　她開發了湘雲紗絲質布料，風格獨具。

簡鈺峰 & 潘伯勳

　　兩個名揚巴黎的六年級男生，擁有Yufengshawn這個自創品牌，在創意和行銷方式，都充滿新生代的熱情和專精。

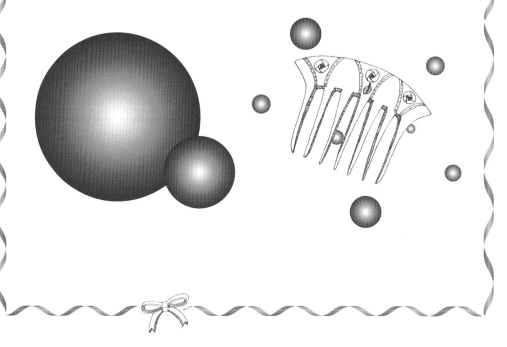

維持健身運動的好習慣

一旦加入健身房的會員，請立刻昭告天下，妳會因而備受誇獎。如果還擔心自己要是不能堅持，可能會被揶揄，那就幫自己買一些上健身房的新行頭。

如果可以的話，有同伴同行會更好，妳可以和一位身材苗條的朋友一道去，她看起來狀況比妳好，這種競爭意識會加倍激勵妳的意志。或是鎖定一位健身房的過重女人，到她附近運動。就算妳因舉重而筋疲力盡，整張臉漲成豬肝色，妳也將感受到某種同志情誼，或感覺（偷偷說）如釋重負，因為妳並不孤單。如果對照組比妳更加輕盈，妳就必須更常去健身房報到。

妳要找出任何可以逼妳去運動的理由。比如預訂一個比基尼假期，買一件小一號的黑色洋裝，或是想想迫在眉睫的婚禮或是派對。不管妳的弱點是什麼，都可以以此為動機來激勵自己。但是不要訂下不切實際的目標，給自己足夠的時間，來愉快地實現計畫。

據說在約會前到健身房小小運動一下，可以讓妳活力十足喔。

如何選擇合適的內衣

內衣就像男人，有最喜愛的那幾件，可以信賴的那幾件，以及其他可有可無的雞肋。而該死的莫非定律是：當妳找不到成套的胸罩與內褲，或是換衣服時決定穿上妳的祖母大內褲時，當晚一定會有機會展示妳的底褲。（摘自BJ單身日記）

跟著我說一遍：「世上沒有所謂的幸運內褲，妳不需要擁有一條可以快速輪換的幸運內褲。」妳要展現的是妳的個性，而不是妳的內褲。

一般常識

　　如果妳計劃要打扮得很誘人，一套相配的胸罩與內褲是有必要的。如果妳想要獨領風騷，請同時穿上吊襪帶。

　　當妳的外衣輕薄透明如蟬翼，內衣就穿膚色的；如果外衣是不透明或可搭配的柔和色系，就可以穿白色內衣。

　　丁字褲的功用是隱藏內褲的線條，避免看見內褲的接縫。當妳穿著牛仔褲時，要把丁字褲的褲頭拉低，或購買專業行家級的美麗丁字褲。丁字褲的線條如果沒有拉平，會非常不雅。

　　大內褲在週日、放鬆以及旅行的日子還算適合，緊身小內褲很適合低腰牛仔褲，一般內褲則適合搭配長褲。至於重要的日子，請用火辣辣的衣物搭配吊襪帶（也很適合與挑逗的衣物和「隱形」內衣褲搭配）。選擇高腰和塑身內褲，搭配穿黑色小洋裝的日子，或出席辦公室派對，都可以讓人留下深刻印象。

　　「小」的極致是「什麼都沒有」，例如：細如牙線般的丁字褲，前方的一小片布料，只能勉強蓋住重要部位——噢！這種東西留給模特兒或其他的討厭鬼就行了，妳自己可不要嘗試。

避免皺巴巴的內褲線條

　　大部分的人穿上平口內褲時，屁股看起來都很不錯，這種內褲的樣式看起來像二〇年代的男用運動短褲。但很少人的臀部在穿上丁字褲時會很好看，丁字褲基本上是看比穿起來更好看的東西。妳的臀部必須漂亮、圓潤，才能展露丁字褲的威力，不然就得先鍛練幾個月。這也和妳對丁字褲的相關付出有關。

　　法式剪裁的內褲，也就是背後緊身三角褲的剪裁，絕對比丁字褲要誘人得多。這種剪裁對大部分的扁平屁股都是優質的選擇。如果妳不想穿長褲還看得出內褲的接縫，男生式的內褲和法式剪裁，都是優於丁字

褲的選擇。

　　非常低腰的緊身三角褲特別性感，而且在背後是三角形，因此適合大部分的臀形，但是它會毀掉一個平坦的屁股（扁屁股還是穿法式剪裁最好）。

　　長襯衣會與妳大部分的身體接觸，所以妳應該寵愛自己一下，盡可能挑選奢華舒適的材質。不管內褲是否性感，全棉褲檔都是它所必備的要件。

　　美麗的長襯衣是件好投資，妳會很快忘記它的價格，卻會一直記得它的品質。盡可能備齊適合各種天氣變化的顏色，並收集適合妳的款式。

　　提臀的最好方法是運動，包括扭動、搖擺、運動等等。節食可能會讓臀部下垂，所以妳不用避開奶油蛋糕。

胸罩

　　正確瞭解自己的身材是最重要的功課。要找到完全適合自己的胸罩是很難的，到專業的內衣專櫃去吧，讓售貨小姐為妳服務。

　　很多女人穿的胸罩尺寸都不對，這讓整個購買行為變得既昂貴又沒有意義。

　　下胸圍的尺寸是以連串的數字來展現：88、70、102，而罩杯的尺寸則以英文字母ABCD來表示，越後面的數字代表罩杯越大。

　　如果妳的背部纖薄，但是卻胸前偉大，妳可能有32D。同樣地，如果一個女人寬背厚肩卻相對平胸，她可能是36A。胸前低而且直線剪裁的胸罩，對大部分尺寸的胸部而言看起來都很好，但下垂的雙D和E　Cup除外。柔軟無鋼圈的胸罩，在所有小巧漂亮的胸部上都格外好看。

　　要知道自己的尺寸，最好的方式是測量與試穿，因為不同剪裁的胸

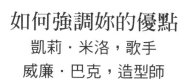

如何強調妳的優點
凱莉·米洛，歌手
威廉·巴克，造型師

威廉： 把丁字褲扔了，因為大內褲復辟了！越大越好！想想妳學生時代穿的大內褲，沒有比這更性感的了，好好地炫耀妳的曲線吧。也許妳不想學瑪麗蓮·夢露的做法，她穿大兩碼有襯墊的內褲，不過妳也不應該把屁股壓扁或予以忽略。設法突顯妳現有的優點，並且穿上長襯衣，這將為妳的日常生活帶來奢華的感受。

凱莉： 一件全包式的內褲絕對可以是性感的。我認為女孩們已經從較含蓄的方式，找到施展誘惑與魅力的方法。「Love Kylie」就設計有男孩樣式的內褲，和深受七〇年代影響的三角褲。我們用在臀部的花邊接紋，具有提臀的功效。現在市面上有許多內衣系列，但在威廉和我一同推出「Love Kylie」之前的市場，並無法提供我想要的多樣性，所以我們才自己動手做。我想創造一個以時尚為靈感的商標，能滿足我對於舒適及性感的要求，並且可以提供日常生活中小小的樂趣。我希望它滿足了妳的需要，既美化了妳原有的線條，又是負擔得起的奢華享受，而且還是淘氣、俏皮與高品質的結合。

威廉： 不管時尚雜誌說什麼，我都不認為胸罩和內褲必需要成套——這可能太刻意了。但如果妳的目的是為了誘惑某個人，成套的內衣褲倒是一個好的投資。而襯衣，是非常私密的個人物品，要想像妳是去購買沒有任何卡路里的蛋糕或巧克力！魔術胸罩對於美化線條及製造迷人的輪廓，效果非常的好，但有時妳不可能不露出胸罩。穿上上衣時，要站在鏡子前活動一下，擺擺手臂看看效果如何，再決定是否要讓胸罩成為整體打扮的一部份。如果是，那就得挑選漂亮的胸罩款式。如果決定不穿胸罩，那就用古銅粉和亮粉，在手臂以及胸口抹上一點，這種流行首見於十八世紀。此外，你也可能需要專門的膠帶或胸貼來固定胸部。

罩，功能都有一些不同。以軟布尺先圍著胸線繞一圈，記下尺寸。然後再測量身體，這次繞著胸前最高聳的地方量量看。檢查兩個數字的差異，妳可以大致計算適合你地罩杯──15公分是C罩杯，其他依此類推。

非常大而且飽滿的胸部，最好穿上有鋼圈且三角剪裁的全罩罩杯內衣，胸部豐滿的女人必需選擇有彈性的寬肩帶，否則肩帶可能會造成肩膀疼痛。

妳是否需要襯墊？優雅的襯墊胸罩會讓大部分人的胸形看來很美，它提供良好的支撐，讓線條更完美，並且抬升了乳房的位置。但是襯墊太多看起來就會顯得很假。

要分辨胸罩是否合適並且具有支撐力，可以檢查鋼圈正中央是否貼著身體的曲線，而非懸在空中。勾好背帶鈕後，要彎下腰，把乳房撥進罩杯之中，調整鋼圈讓它位於乳房的正下方，然後就可以站起來準備走了！

買胸罩的時候要檢查鋼圈，鋼圈愈厚就愈難完美貼身。最後，檢查一下肩帶，問問自己是否喜歡它們露出來的樣子？

絲質內衣需要以冷水手洗，合成纖維、尼龍或絹紗則可以用洗衣機輕柔的搓洗。

遮住痘痘的小秘訣

當妳一早醒來，發現自己臉上長出痘痘，請快速思考一下，今天要強調臉上哪些部位，是否得擦上鮮紅色的唇膏或畫上煙燻妝眼影？妳可以讓頭髮自然地飄逸下垂，不只可以分散別人的注意力，而且可以稍微蓋住發炎的部位。

如果痘痘持久不消，妳可以塗一點蓋斑膏來蓋住它，但切記不要用彩妝，這會減緩肌膚復元的速度，而且會讓這個區域看來更明顯。

聖羅蘭（YSL）的明采筆，不只可以打亮臉部的光芒，掩飾浮腫的

眼睛和眼袋，還可以成功地遮飾痘痘。在家時清潔肌膚後讓它保持乾燥，讓它自然痊癒，千萬不要動手去擠。

正確的化妝方法

化個完美的彩妝，準備工作是首要關鍵。在化妝前要進行清潔、調理與滋潤皮膚等程序。

各廠牌的化妝品色調並未標準化，所以妳必需自己檢查每一件單品，看看在自然光下的彩妝品，呈現的是什麼顏色。因為百貨公司的燈光非常刺眼，妳可以在手腕內側或是手背上擦一點粉底或彩妝的樣品，抹勻它之後再到戶外仔細看一下。注意不要讓試用品沾到衣服，因為粉底是很難洗掉的。趁這個空檔妳也可以爭取時間思考一下，不用因為專櫃小姐不斷地催促，而急於下決定。

如果粉底看起來不突兀，而且跟妳的膚色很搭配，恭喜妳，妳選到了正確的色調。如果妳仍然看得出粉底，或是透出黃、橘或粉紅的色彩，那麼妳得試試別的產品，直到找到適合妳的產品為止。

粉底液的遮瑕度比較不高，但可以呈現較為自然的感覺。粉餅則適合冬天或特寫鏡頭下的濃妝使用。夏天時試著上盡可能少的妝。隨著天氣漸冷、光線漸暗，妝可以慢慢加濃。在數層彩妝之下，妳絕對不會被曬黑。

彩妝師喜歡推薦，也很值得妳買來放在化妝包裡的產品，例如：

Laura Mercier的粉底與口紅。

聖羅蘭的護膚品、粉底，以及必備的明采筆。

Nars的深色粉底與多樣化的顏色選擇。

MAC的粉底，特別適合較深的膚色。

香奈兒的護膚品以及指甲油。

雅詩蘭黛的護膚品以及有超級名模背書的粉底。

迪奧香氣誘人的唇蜜，包括：清新果香唇彩和粉底。

使用蘭蔻的產品，絕對錯不到哪裡去。

如果妳只能帶一樣彩妝品到荒島上生活，那就選聖羅蘭的明采筆，這是妳製造一切效果的魔杖。

盡可能將護膚品、彩妝與面膜產品冰在冰箱裡，讓它們可以保存更久，而且能長保新鮮與彈性，讓妳更好上妝並達到完美妝效。

在完成無瑕底妝之後，就可以開始進行眼妝。先用眼線筆，然後是睫毛膏、眼影，以及更多的睫毛膏。

腮紅

適當地使用腮紅，會讓妳看來更有精神，而且可以為臉頰添上健康的光采。用大刷子沾上腮紅，從顴骨往鼻子向下刷。兩邊重覆相同的動作，均勻地刷開來。

頰彩的色調就像季節，雖然有趨勢流行的因素，但也有永恆的經典。

秋天可以嘗試橙色的腮紅。

春天則試試粉紅以及柔和的淡彩。

夏天是金色和古銅色。

冬天則適合暖色系的紅，塗在蒼白無血色的雙頰上。

使用紅色唇膏要特別小心

要使嘴唇永遠保持滋潤，護唇膏應該要隨時放在手邊，或是丟在隨身的包包裡。

想要超級持久，可以用唇筆上唇膏。先以顏色相襯的唇筆描好唇線與唇緣，再開始上色，先從下唇開始，再畫上唇。然後抿一下嘴唇以確保顏色均勻。最後再抿在面紙上。

輕輕地親吻手背，如果還留下深紅色的印子，再用面紙抿一次，這次要更用力一些。妳希望嘴唇是紅色的，但應該紅在正確的位置上，而不是沾到牙齒上。永遠要記得檢查牙齒，以舌頭或手指擦掉任何沾在牙齒上的口紅。牙齒沾上口紅很不雅觀。

紅色的唇膏會在妳親吻、飲水和進食時掉落，請準備隨時補口紅，接受它會到處留下印記的現實，或是乾脆選擇較柔和、自然的口紅顏色。或者使用不脫色的口紅。

如何看上去像剛剛走出沙龍

不要讓吹風機的溫度過高，或者靠妳太近。想要看起來髮量更豐盈，妳需要更大的梳子。如果頭髮過肘，那就算太長了。在吹乾頭髮的過程中，最後一定要用冷風收尾，這有助於毛鱗片收斂，而且可以增加頭髮的亮澤度，不要買沒有冷風裝置的吹風機。

髮型設計最好在頭髮八分半乾的時候開始進行。

吹整頭髮＝吹乾+完美髮型

用吹風機從髮根開始將頭髮吹乾，再慢慢吹到髮絲的部份。讓頭髮自然乾則可以保持頭髮自然的捲髮和波浪。不要以過熱的風吹頭髮，或是過度吹乾妳的頭髮。

不要過度洗髮，因為密集的洗和燙，會奪去頭髮自然分泌的油脂。即使妳打算將頭髮留長，仍然需要定時修剪，因為髮梢分叉會使頭髮看起來不健康，也會妨礙髮絲的生長。

幫助秀髮變美的四個祕訣：

1. 想要頭髮馬上看起來有彈性、有捲度，可以用三個巨大的髮捲，把頭髮捲在頭上噴霧，並以吹風機烘乾。

2. 買一個柔軟的硬毛圓梳，以及絕對必要的梳妝台。

3. 乾洗頭髮的產品，可以清潔因為磨擦臉部彩妝及前額而變得油膩的瀏海。抹一點在頭髮上梳開，就能讓頭髮整夜維持清新。

4. 為了使頭髮立即豐盈起來，妳可以試試反向梳頭的效果，頭髮若是乾燥，可以噴上有持久效果的整髮水霧。再把頭低下來，讓髮絲在膝蓋之間擺動。使用硬質的梳子有傷害髮質的可能，所以可以試著用軟毛刷梳開頭髮。

先從後腦勺開始，分區把頭髮向前反梳。妳的動作應該像逆毛摸一隻貓的樣子，妳將會對髮量及豐盈度感到驚訝。

美髮沙龍的經驗分享

1. 盛裝打扮以後再去找髮型師。妳想要時髦一點嗎？給他們一些方向與靈感。

2. 不要選超難整理的髮型來折磨自己，除非妳自己是個髮型師，或者妳和髮型師住在一起。

3. 絕對不要說：「你幫我決定。」他們會剃了妳的頭皮，或者在妳頭上「發揮創意」。妳得花好幾個月才能讓頭髮（和自信）一起長回來。

4. 妳得知道哪種髮型適合妳的臉型，不要盲目地追隨流行。

5. 當髮型師在剪妳的瀏海時，千萬別和他／她聊天，以免他／她把妳戳瞎，或是讓妳吃到自己的頭髮。

6. 注意天氣。辛苦做好頭髮再走進傾盆大雨之中是沒意義的事。

戴頂漂亮的帽子吧！
賈柯塔・惠勒（Jacquetta Wheeler），模特兒／女帽製造師

　　戴帽子的時候，妳做好將有更多人注意妳的心理準備。

　　不同的帽子適合不同的臉型，妳可能戴了呢帽以後看起來像小丑，但是戴平頂圓帽時卻格外出眾脫俗，或者正好相反。在丟掉一頂帽子之前，一定要試試一些可能的風格。

　　帽子能拯救服裝不夠完美和髮型不順的日子。一件 T 恤、一條牛仔褲和一頂美麗的帽子，妳就解決了所有的問題，完成出色的整體搭配。帽子就是一切！

　　如果妳覺得打扮得太時髦，戴一頂從市場買來的帽子，能讓妳低調點。

　　如果妳覺得打扮得太漂亮，戴一頂男生的帽子、呢帽或鴨舌便帽，調合一下裝扮。

　　如果妳覺得打扮得太得簡樸，戴一頂有邊的帽子，營造頹廢和輕佻的氣息。

　　如果妳覺得打扮得太男性化，戴一頂鐘形女帽，並且別上一朵花吧。

　　如果妳覺得很膩，戴一頂帽子，可以讓妳增加一點古靈精怪的氣質。

　　如果妳想要使眼睛看起來更大、更閃亮，試試附面紗的帽子。

　　如果妳想要感覺特別一點，就戴上一頂帽子。

　　如果妳想要感覺獨立一些，戴上一頂帽子吧。

　　無論妳搭配什麼服飾，要確定帽子的尺寸是正確的。如果帽子太小，它會讓妳看來像個傻瓜，或者讓妳頭痛。如果帽子太大，它會很容易掉下來，露出妳被壓扁的亂髮。

如何戴帽子

史蒂芬・瓊斯（Stephen Jones），女帽製造商

　　時尚女性們，記住一個不變的原則：經常以充滿自信、漠不關心、幽默，或戲劇性的風格，戴頂帽子出門。

　　女帽設計師得對帽子的底盤、飾條和結構負責。帽子可以達到跟衣服一樣的效果，妳應該對它們一視同仁。像是最簡單的黑色貝雷帽，只要穿戴得宜，就比大多數的高級訂做女裝更加具有戲劇效果。如果衣服是一台收音機，帽子就是控制音量的樞紐！

　　「如果妳是灰色獵犬，幹嘛要讓自己看起來像吉娃娃呢？」把不必要的裝飾褶邊和面紗留給其他人。反之，如果妳只有150公分高，卻想要戴頂寬邊的鐘形帽，妳可能看起來像顆會動的蘑菇。但如果妳感覺自己像株神祕的迎風柳，那就戴上它吧。

　　先在家裡試戴看看，讓自己慢慢習慣帽子的存在。這頂帽子能夠固定在頭上，還是妳得換一頂試試？實驗各種角度（記得瑪蓮・黛德瑞希《45度的誘惑》嗎？)別上胸針、絲製的假香豆或面紗，上下前後顛倒一下，以各種角度嘗試它，直到看起來就像是妳的個人風格為止。

　　如果妳的臉是長型的，試試貝雷帽，而且在戴的時候拉偏到側邊，露出妳漂亮的寬額頭，再試著在耳後塞一朵梔子花，就像比利・哈樂黛的風格那樣，而且妳聞起來香極了。

　　對於方形臉的女性而言，試試用面紗或羽毛，柔和臉部的線條，並增加一些女性氣質。

　　如果妳剛好有一張圓臉，收起妳的腮幫子，並且戴上一頂非對稱的帽子，看起來就會像個可人兒。

　　戴眼鏡的話，適合邊緣朝上翻的帽子。

　　戴上妳的帽子走出來，世界將因為妳的出現而變得截然不同。

臻於完美的保養程序

不論妳是否天生麗質，妳都必須持續保養自己。外表就是一切，定期保養是取得淑女資格的入場券。

使用除毛蠟會讓妳很痛，但是新長出來的毛髮會比較細，而且除毛的間隔也會比較長，能讓肌膚看起來更光滑、更細緻。除毛的前兩天要先去角質，去角質能使毛囊放鬆，讓毛髮可以從根拉起，而且不會那麼痛。使用除毛蠟需要事先計畫，因為除毛後得讓皮膚休息兩天。

妳會編列預算來維修房子，也會定期保養汽車，那麼，為什麼要對自己的身體偷懶？

把以下的事項寫進妳的行事曆，必須照表操課，遵行無誤。

淑女最低限度的保養計畫：

腋下──每3～2周用熱蠟除毛，或每隔一天就要刮乾淨或拔乾淨，要怎麼做端看個人的選擇和預算。人在夏季時更容易出汗，腋毛也會長得更快。

腿毛──每3～4周上一次除毛蠟，或是依實際情況刮除腿毛。冬天可以只除小腿毛，在夏季就需要整條腿除毛。毛色深的人要特別注意，除毛蠟以及專業沙龍的做法，比剃刀更有效率。

眉毛──想到時就修整眉毛，在家用夾子拔，或用剃刀修整，是最簡單的方法。無論妳使用哪一種方式，最好每月修整一次。

做臉──現代人的生活壓力大，建議每週六到美容沙龍做一次臉，徹底掃除肌膚暗沉。

腳趾與手指美容──每月進行一次手指與腳趾修整，以維持美麗的指形與色彩。

這些都是時尚女性最基本的功課，聽起來很嚇人但卻很真實。最理想的狀況，是由美容沙龍為妳代勞。就像妳不想自己修車、換零件一樣。同樣地，為什麼不把妳的臉與身體交給專業的人來照料呢？當然，每個人還是得根據自己的預算與需求，來進行考量與選擇。如果有特別的情況，例如：結婚（特別是自己的婚禮）、特殊的場合與活動，還是建議妳花錢上美容沙龍比較妥當。定期剪髮與看牙醫是一定要的，建議每六到八周整理頭髮一次，每六個月到一年保健牙齒一次。

擁有完美的視覺效果
諺語：「情人眼裡出西施」。

如何修剪眉形
　　好的眉形可以突顯妳的五官，因為它決定了眼睛的形狀，也可以讓眼睛看起來更大。修飾一下眉毛的形狀，可以改變妳的外貌、隱藏缺點並且突顯優點。

　　眉毛的前端應與內眼角平行，尾端則結束在眼尾後方，呈現完美的弓形。

　　兩眉之間的距離越大，會讓鼻子看起來越寬。

　　鼻樑上如果冒出眉毛，請立即拔除，實在太不雅觀了。

　　拔除眉形之外冒出的雜毛。

　　拔眉毛時，先拔除單邊的些許眉毛，然後換到另一邊。兩邊輪流進行，可以避免拔掉太多眉毛，或出現兩邊不平衡的情況。

　　拔眉毛時，先從眉彎下方開始。切忌破壞眉毛的自然弧度，妳很難讓它長回原來的形狀。

假如妳誤拔了幾根眉毛，可以用眉筆從眉頭開始畫起，然後順著毛流往上畫。

好好照顧自己

避免感冒傳染

與感冒的病人保持距離，盡量避免與打噴嚏、咳嗽、流鼻水的朋友接觸。

保持雙手清潔，手盡量不要接觸自己的眼睛、鼻子和嘴巴，避免不經意地傳播細菌，使自己被感染。

多喝開水，多吃有益健康的食物。如果妳熱愛巧克力，嘗試在巧克力中加上水果一起吃。設定每日喝兩公升的水，以及吃五樣蔬果，作為維持健康的首要目標。

如果感覺自己有感冒生病的徵兆，多吃維他命絕對錯不了。

聽媽媽的話多吃蔬菜，加入健身房運動行列。不論是走路、伸展、跑步或游泳，總能找到一種妳可以「忍受」的運動。

感冒時該怎麼辦

保持暖和，留在家裡，不要帶著流鼻水及紅通通的鼻子出門。

如果喉嚨失聲，嘗試在水中加少許的鹽巴漱漱口。

熱水澡與熱飲可以讓妳感覺更舒適，妳也可藉此排汗，有助於退燒。如果妳全身發熱，要喝大量的水，甚至比模特兒喝更多水，以加快身體排水的速度。

喝熱湯，不論是自己熬煮或買現成的都行。蕃茄湯能讓妳感覺舒適，雞湯可以幫助化痰。

少吃乳製品，乳製品容易讓靜脈阻塞。以熱水或檸檬水代替。

喝感冒糖漿的時候要慢慢喝，因為糖漿的功用之一是將痰包住，然後咳出去。

躺在床上多休息。

不要工作過度，精疲力盡的時候，需要更長的時間復元。

藥草療法

紫錐花、大蒜、含鋅的營養品，都可以預防感冒。

當妳頭痛時，薰衣草、水蘇、馬鬱蘭、玫瑰花瓣各一湯匙，放入棉袋裡，丟入水中熬煮後飲用。

可食用蜂蜜或甘油類來治療咳嗽。

喉嚨痛時，兩湯匙的乾迷迭香加入500cc.的水煮沸後飲用，效果奇佳。

消化不良或胃痛時，飲用薄荷茶。在洗澡水中加入幾滴薰衣草精油，可以消除疲勞。

如果身體不適的時間超過48小時，應該即時就醫。如果醫生診斷之後說：「只是感冒」，至少妳可以放心了。

準備急救箱

工欲善其事，必先利其器。家中要有個急救箱，妳會比較能夠處理意外狀況。妳可以購買配好的整套急救箱，或者自己購買必要的急救用品，再放入適當的塑膠盒內。

急救箱中的必要物品，包括：

消毒藥棉或優碘，用來清潔傷口。

各種大小的藥用膠布

止痛藥

繃帶、鑷子、紗布、OK繃、別針、剪刀

（急救箱需要專用的剪刀）。

眼藥水

手電筒（停電又受傷時會需要）

緊急聯絡電話

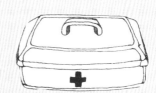

如何使用OK繃

紙張割傷是辦公室常見的事，卻又常是「說不得」的「意外災害」，所以上班族一定要準備OK繃。首先要確定傷口清洗乾淨，血流不多，用OK繃將傷口纏繞一圈就可以了。

應對進退的禮儀

「非常感謝您讓我來這裡。」
伊萊莎・杜立特（奧黛莉・赫本），《窈窕淑女》

如何在各種場合應對自如

無論是快樂的、悲傷的，或是麻煩的場合，妳都得硬著頭皮去參加。

生日會很簡單，大家應該都參加過生日派對。

告別式雖然很哀傷，但還算是個單純的場合。

最令人傷腦筋的場合就是婚禮了。

婚禮

婚禮對穿上白紗的女主角來說，是一生中最快樂的一天；但相對地，總有某個心中充滿嫉妒的對手，在某處哀傷著。

為了避免快樂的新娘把妳當做那善妒的女人，妳最好參考以下的安全守則。

穿著

婚禮要穿什麼對新娘來說很簡單，對其他人來說卻很複雜。

採購禮服的省錢小撇步是，妳可以在季末打折的時候買一些禮服，以備不時之需。因為婚禮就像等公車一樣，可能等半天公車都沒來，但一來就是三輛。

衣服要選擇漂亮、優雅、有氣質、不過分招搖的款式，搭配一雙舒適的高跟鞋。妳可能會整天穿著這雙鞋走來走去，所以舒服的鞋是非常重要的。

妳最好避免黑色與白色這兩種顏色，除非妳想成為婚禮中的焦點。不選擇白色，表示妳是個有禮貌的女孩，除非妳真的想讓新娘難堪。蘇格蘭的瑪麗皇后，因為在婚禮上穿了黑衣，日後發生的不幸都被歸咎於那件黑禮服。這說法雖然有些極端，但可以選擇的顏色那麼多，不需要選一個可能會讓新人不舒服的顏色。在美國，穿鮮艷的顏色參加婚禮，反而會受到大家的歡迎。

邀請回函

收到喜帖之後，妳必須儘快並且禮貌地回覆邀請者。妳可以利用喜帖上列出的方式回覆，告知對方妳是否能參加喜宴。

單身的妳

單身當然是件很快樂的事，呼吸、走路、說話都很自由。但在這一天，「單身」可能會讓妳覺得心裡很不好受。記住，妳碰到的每個人都曾經單身過，或者正值單身。結過九次婚的莎莎・嘉寶（Zsa Zsa Gabor）曾經說過：「老公就像火，一不小心就會燒起來。」至少妳不需要擔這個心。

不要單獨赴婚宴。雖然人們說，妳會在婚宴裡碰到真愛，犯不著帶個伴來破壞這等好事，不過身邊有個朋友，會讓妳看起來比較容易接近，而且妳也有個伴可以聊聊八卦。

如何跟上星座的流行

「如果妳知道一個人的星座，妳可以更加瞭解這個人。就拿耶穌來說，他生於12月25日，餵養五千個人，並在水上行走，是個典型的摩羯座。」

哈利·希爾（Harry Hill）

占星學是最古老而且最神祕的算命方式，星座解析是報章雜誌最基本的專欄。

如果妳不能決定該穿什麼衣服，或想知道哪一天會碰到妳的真命天子，星座就是妳的最好幫手。占星學可以根據星相或預兆來告訴妳該怎麼做決定。

占星學有其科學論據，它可以每天告訴妳「會不會這樣」、「該不該那樣」。根據妳的生日以及生日當天的月相，占星學家可以預測妳每天的運勢和命運。

找一份妳喜歡並且信賴的報紙或雜誌，邊吃早餐邊看看妳今天的運勢。妳甚至可以訂閱手機星座簡訊。當妳開始關心他的星座，就表示那個男人對妳來說越來越重要了。

妳可以上網去看星座解析。並且試著只讀好運的部份，不要太在意不好的預測，華麗的辭藻更是不必太仔細看。記住，妳的運氣掌握在自己的手中。

牡羊座 3月21日— 4月19日

象徵：白羊

守護星：火星

原素：火

不合適的對象：金牛、處女、天蠍、雙魚

　　牡羊座的人活潑、有野心、大膽而衝動，他們的穿著打扮也是如此。自信，經常能帶動潮流；很有魅力，也喜歡以較性感的打扮來吸引眾人的目光。

金牛座　4月20日 — 5月20日

象徵：公牛

守護星：水星

原素：土

不合適的對象：雙子、天秤、射手、牡羊

　　金牛座的人最可能花大錢買設計師的衣服，卻還留著二手店買來的東西。大多數金牛座看起來較陽剛，適合大地色系的衣服。他們比較常用心想事情，而不是用大腦。有堅強的意志力，個性正直，很少衝動購買。

雙子座 5月21日 — 6月21日

象徵：孿生子

守護星：金星

原素：風

不合適的對象：金牛、巨蟹、天蠍、摩羯

　　雙子座的人很聰明，有創新的能力，可一心多用。買東西很果斷，也是很好的傾聽者。他們不喜歡太流行的打扮，但總可以在保守中帶一點點創新的個人風格。雖然聰敏且有吸引力，但有時可能太直率，是最好的逛街夥伴。

巨蟹座 6月22日 — 7月22日

象徵：螃蟹

守護星：月亮

原素：水

不合適的對象：獅子、射手、雙子、水瓶

巨蟹座的人有著感性的靈魂，熱愛旅遊，只要離家不遠就好。喜歡奢華、厚實觸感的材質，並且有驚人的記憶力。他們很獨立，有著不易被看穿的情緒，隨自己的情緒打扮，憂傷時穿著黑色，開心時則色彩鮮明。巨蟹座很適合絲綢、刺繡、棉質和花俏的設計。

獅子座　7月23日 — 8月22日

象徵：獅子

守護星：太陽

原素：火

不合適的對象：處女、摩羯、雙魚、巨蟹

一般來說，獅子座是最外向的星座，也是最尊貴的星座，但有時可能會變得高傲。他們心胸寬大，但很難穩定，活得充實而體面。他們喜歡剪裁完美的服裝，能搏取眾人的注目焦點。他們喜歡大膽而美麗的事物，而且散發著自信。獅子座的人總是眾人的焦點，但要小心別表現過度，獅吼總不是件好事。

處女座　8月23日 — 9月22日

象徵：處女

守護星：水星

原素：土

不合適的對象：天秤、獅子、水瓶、牡羊

處女座的人喜歡變化，卻又同時井然有序並且貫徹始終。可能前一分鐘穿著很瘋狂，下一分鐘就變得很保守。他們可以說是集矛盾於一身：努力工作以致富，到時才能拼命花。但在這些看來挺冒險的想法之下，深藏著感性的靈魂。

天秤座　9月23日 － 10月22日

象徵：天秤

守護星：金星

原素：風

不合適的對象：雙魚、金牛、處女、天蠍

天秤座的人非常具有想像力，適合從事創造性的工作。愛好和平、重視朋友，並且以公平的腦袋聞名。他們很重視美感，特別是天秤女，深知怎樣的衣服能使自己看來最撩人且最有魅力。

天蠍座　10月23日 － 11月21日

象徵：蠍子

守護星：火星

原素：水

不合適的對象：牡羊、雙子、天秤、射手

這些需求強烈又難伺候的蠍子們，遇到障礙物時往往採取毀滅策略，而非將阻礙物搬開。別忽略蠍子尾巴的螫刺，這是個性感的象徵，而且他們真的很會秀出他們的螫刺。蠍子的服裝是充滿冒險性的，當他們穿著黑色和剪裁合宜的衣服時最開心。他們多變且如火山般容易爆發，但同時又能使人著迷。想想《阿達一族》加上迪士尼的潔西卡兔子。

射手座　11月22日 － 12月21日

象徵：弓箭手

守護星：木星

原素：火

不合適的對象：天蠍、摩羯、金牛、巨蟹

這是一個如火一般熾熱卻不追隨流行的星座──他們情願創造流行。他們是先驅者，充滿實驗精神，大膽熱情而有趣。妳無法預測射手座的人會打扮成什麼樣子，但肯定會充滿冒險精神。

摩羯座　12月22日 — 1月19日

象徵：山羊

守護星：土星

原素：土

不合適的對象：水瓶、雙子、獅子、處女

　　除非有必要成為鎂光燈的焦點，否則摩羯座的人喜歡休閒的打扮。他們有時看起來冷漠，但其實是很容易胡思亂想的人。在約會的時候，他們喜歡古典且優雅的造型，平常也會來點不一樣的打扮。

水瓶座　1月20日 — 2月18日

象徵：拿水瓶的人

守護星：土星

原素：風

不合適的對象：巨蟹、雙魚、摩羯、處女

　　瓶子喜歡出人意表和反傳統的造型，深色衣服、幾何圖形、不對稱的剪裁都很適合。前一分鐘可能瘋狂又難預測，下一秒鐘就變得溫順又乖巧。他們容易忽略明顯的現實，但總有自己的一套解決麻煩的方法。

雙魚座　2月19日 — 3月20日

象徵：魚

守護星：木星

原素：水

不合適的對象：牡羊、獅子、天秤、水瓶

　　這是個輕巧卻有決斷力的星座，具有在折扣季最派得上用場的天份，喜歡反應自己特質的服裝。對他們而言，服飾代表著個人情感的延伸。不隨潮流改變，忠於自己喜歡的東西。雙魚女是最可能愛包包勝過一切的人。

讓對方的父母留下好印象

魅力是最基本的條件

妳或許幸運地有一對可愛的準公婆,但即使是最好的公婆,也會想弄清楚妳配不配得上他們家的寶貝。大多數的準公婆會給妳出些難題,讓妳證明自己是個好女孩,值得他家的兒子愛。

第一次和準公婆見面時,千萬不要急著下廚,除非妳是個名廚。

選一家妳最喜歡的餐廳(當然要請妳的另一半幫忙),別選擇太貴或太特別的餐廳,否則他的父母會認為妳沒有金錢觀念。記住!他們也是很緊張的!

加分的穿著

第一印象非常重要。即使現在正流行馬甲或綑綁式的衣服,把它們留給別的場合吧。狂野的造型當然會讓他老爸很開心,名牌服飾可以讓他有型的姐妹愛上妳,端莊的教師打扮配上一串珍珠會讓他老媽給妳一百分。不過妳不需要為了他們而打扮。妳還是妳自己,只不過要低調一點。把長指甲修短一點,讓魔術胸罩休息一天。

做功課

瞭解一下最新的八卦,看看連續劇正在播些什麼,瀏覽一下報紙上的國際大事。這樣一來,妳對社會現狀便可以有些基本概念。

同樣地,好好研究他的家族歷史,誰和誰離過婚,誰生了小孩,誰過世了,誰結婚了等等,當然也要瞭解一下他們的政黨傾向。

當天

記得把手機關機。

別喝太多酒

因為緊張，酒精可能很快就會影響到妳的大腦。喝酒要節制，千萬別做個冷場的傢伙。

做準備

就像準備求職面試一樣，妳一定要把可能會被問到的問題全都預習一遍：

你們是怎麼認識的啊？

妳喜不喜歡小孩子？妳想要生小孩嗎？想生幾個呢？

妳有結婚的打算嗎？

記得要做的是……

一定要用正面的態度，多多談論以下主題：

妳有多麼喜歡這家餐廳——證明妳不是個節食主義者。

妳有多喜歡跟這位仁兄在一起。但是請避免在公開場合親暱地互稱對方的小名，尤其是當任何一方父母在場時。

稍微談談妳的成長經歷、求學歷程，還有妳的家人們。妳可以描繪一幅歡樂家庭的和樂畫面，並說明妳的家教良好，就像大愛台連續劇《草山春暉》裡演的一樣。至於妳被學校留級或開除這一類的故事，等以後有機會再說吧。

強調妳有正當的工作，妳正為著自己的未來而努力；妳有自己的理想，而且妳的理想能與他的理想相輔相成，顯示出妳是個獨立、有智慧的女孩，對他或是對他的家庭來說，妳將會是一項資產。

談一談家庭消費和投資理財。這表示妳懂得開源節流，不是那種他們避之唯恐不及的敗家女或拜金女。

搞定他的父母，得到他們的祝福，妳的訂婚戒指就會更大顆，婚禮

的籌備也會更有料。如果妳發現事情發展不如預期，別沮喪，去租《門當父不對》來看吧，妳的心情會好得多。

如何拒絕不想要的愛慕者

如果妳是個年輕、美麗，個性迷人又可愛的女孩子，那麼妳一定會受到許多人的愛慕，但不見得都是妳心儀的對象。

弔詭的是，妳越是不把他放在心上，他的毅力反而越堅強。

簡單、明快的拒絕很必要的，而且早點提出來比遲遲不提要好。

絕對不要取笑那個碰釘子的愛情傻子，因為有一天那個角色可能會換成是妳。

用妳希望被對待的方式去對待對方，千萬不要基於同情或憐憫而赴約。

妳可以對他示好，讓妳的機會之門保持開放，但是不要給他錯誤的期待，更不要故意戲弄他。

最難的部份是，妳一定要誠實相待。沒有什麼拒絕方式會讓他比較好過的。「我們就當普通朋友，好嗎？」或是「你是我很重視的朋友，我擔心戀愛會損害了我們的友情。」都是懦弱的人說的謊話，不僅不得體，簡直是在羞辱對方——除非妳真的就是打算這麼做。而且，妳接下來都要對他保持冷酷無情，才不算過分。

處理這樣的事情一定要當面談，如果妳擔心對方會忽然變得歇斯底里或是非常不理性，那麼至少也要用電話談，徹底地談清楚。用信件或是電子郵件來甩掉別人是極糟糕的行為。

最直接的拒絕方式，肯定也是薇薇安・魏斯伍德（Vivienne Westwood）最愛用的。貝拉・佛洛伊德親眼目睹了她的經典奇招：在一家酒吧裡頭，薇薇安的一位

仰慕者過來跟她攀談，但薇薇安卻舉高了她的手臂，在空中畫出一個圓圈把她自己給包圍住。當對方問她在做什麼時，她回答說：「我正在把你從我的圈圈裡趕出去，先生。」酷吧？

請記住，從珍‧奧斯汀的小說到《當哈利遇上莎莉》，都只在說明一件事情：男人和女人就是不可能「只是朋友」。

如何有禮貌地跳舞和拒絕舞伴

如同一八一三年珍‧奧斯汀在《傲慢與偏見》中所寫的：「如果一個單身的男人擁有可觀的財產，那他一定需要一名妻子。」 這是一個舉世公認的真理。在古代是真理，在近代是真理，到了現在還是真理。

但是，我們也可以這麼說：「如果一個單身的女人擁有健康的腳跟，那她一定需要一個舞伴。」

由於流行文化以及社會變遷，這個時代已經沒有那種穿著燕尾服、戴著高禮帽、打著白領帶，準備要把妳轉到頭暈的紳士。但是萬一碰到這種場合，妳還是得知道該怎麼應對。

在共舞之際，妳最能展現出優雅的一面和過人之處。就像購物頻道的主持人一樣，妳有一首曲子的時間（平均3分鐘）來大大的秀出自己，推銷「商品」。不必有壓力，妳只要永遠記住共舞的簡單法則就好。

總體來說，不論是在迪斯可舞廳或是那種古典的大舞池裡，密技大致相同：

1. 面對妳的舞伴。如果妳沒有舞伴的話，第一首歌先自己獨舞，瞄準目標，物色下一首曲子的舞伴。

2. 製造眼神接觸。眼神接觸如同一把鑰匙，可以讓妳很快地察覺對方到底會不會帶舞、能不能讓妳跳得順暢而沒有壓力。依不同的速度和樂曲形式，妳會有不同的表現機會，譬如到了哪裡要扭

腰，到了哪裡要牽手等等。妳可能得要一直換不同的舞伴，就當自己是在尋找一條最合身的牛仔褲，或是一雙好鞋吧！

妳必須經歷一大堆的「很接近了」和「不太對勁」的感覺之後，才能夠找到完美的和諧與快樂。

記得，跳舞需要的是一分的技巧，和九分的信心。

在心裡想著妳的偶像。偶像是不會跌倒的。

想像妳身邊的男士是約翰‧屈伏塔，或是金‧凱利。

想像妳自己是瑪丹娜、凱莉‧米洛、珍妮佛‧羅培茲、碧昂絲，或是一位性感的脫衣舞孃。

一點點酒精的催化，通常會讓妳勇氣倍增，不過妳一定要先衡量清楚：

妳在哪裡？和誰在一起？

這裡有誰是妳想要或需要取悅、打動的嗎？

這裡有沒有妳的同事？

舞廳裡有多少樓梯？

妳把外套放在哪裡了？

妳的手袋和妳的打扮適不適合跳舞？

更重要的是，妳穿的鞋子適合跳舞嗎？鞋跟高度和酒精比例之間的關係，需要慎重考量。

讓妳趕上時代的一些小秘訣

多看一些MTV台等音樂頻道，欣賞那些音樂錄影帶，偷學一點舞步。

唱黃梅調或是跳水蜜桃姊姊的舞，是絕對不會讓妳看起來很酷的。

如果妳天生協調性不佳，就學跳狐步舞吧。

如果妳真的很想跳舞，記得一定要穿適合的鞋子。千萬不要脫了鞋光著腳跳——除非妳是在一座私人海灘上，否則不慎踩到碎玻璃之類的風險實在太高了！一定要避免。

去上舞蹈課，不必害羞。妳都可以報名去學開車了，報名上跳舞課又有什麼不好意思的？

妳的研究範圍也要包括經典之作。就像學習音樂和美術一樣，妳必須認識一些舞蹈大師，試著了解他們如何跳出偉大的舞步。佛雷·亞斯坦和珍姐·羅吉斯的舞蹈電影應該要強制發行DVD！

拒絕也要有禮貌

這年頭我們不只不必穿馬甲，連在舞會上拒絕別人的邀請而不使對方受窘，也變得比以前容易多了。舞會邀請函已經不流行了，但是現代的男女在相互追求的過程中，還是應該保有這種老派的禮貌和美感。

在舞池裡，如果一個猛扭腰肢的登徒子滑過來開始對著妳跳舞，有禮貌的做法是先忍耐個幾秒鐘，判斷他是敵是友。確定不是善類，那就帶著笑容，堅定地轉身離開；反之，留下來繼續跳吧。

快速的遁走方法包括：

忽然感到極度口渴，彷彿要脫水——身體的緊急呼喚是誰也阻擋不了的。

「喔，我的天啊！我居然穿了一件這麼過時的上衣啊，我一定得走了！」

忽然需要去找一個消失的朋友，或是看見未婚夫正在舞池的那一頭。

「抱歉，我有門禁，我先閃了。」

妳急需打電話回辦公室——感謝他猛抓住妳的方式讓妳想起這件事。

妳的腳跟忽然劇痛起來，痛得快斷掉了！怎麼這麼倒楣啊！

以上這些招數都非常有用，而且幾可亂真。不過妳還是要想出自己適用的理由，而且把它們當成高度機密，不可外洩。

不外出的晚上，待在家裡做功課也是很重要的。穿著妳的緊身褲看《閃舞》或是《名揚四海》，學學其中狂野的舞步；看佛雷‧亞斯坦和珍姐‧羅吉斯的電影或是金‧凱利的《萬花嬉春》，學跳踢踏舞步；看《舞國英雄》學華爾滋舞步；看《熱舞十七》，學學求愛的舞步！

激情的探戈雙人舞

「天堂，我在天堂之中，我的心跳如此快速，幾乎無法言語。當我們臉貼著臉共舞，我好像找到了我一直在追尋的快樂。」

詞曲由艾文‧柏林所作。

他們不是在跳探戈——不過辭意還滿適合探戈的。混合了西班牙激情的探戈，起源於布宜諾斯艾利斯，先有了旋律，再來又有了節奏，然後又發明了舞步。這是一種很親密的舞步，不適合心臟不夠強的人，但是又比一直把腰扭得像螺絲的騷沙舞有氣質。

探戈是所有需要舞伴的舞蹈中最性感的一種。只有在妳想把它當成一種展現魅力的工具時，才適合跳這種舞。

現在會跳探戈的人不多了。

探戈簡史

在二十世紀初期，有大約兩百萬的移民渡海來到布宜諾斯艾利斯，準備在阿根廷或是烏拉圭尋找他們的夢想。他們之中許多都是單身男子，希望賺夠了錢後回到歐洲生活。他們身無恆產，一文不名；而當時的南美洲，放眼盡是荒涼景象。只有在妓院和由幫派管理的夜街上，他們重新找到了男性的尊嚴，盡情舞去白日的煩惱。

這種舞蹈綜合了南美洲與歐洲的血統，帶有傳統的波卡舞曲、華爾滋、馬祖卡舞曲風味，又混合了古巴的米隆加（Milonga）舞蹈。

有一種說法是，在早期的妓院裡，女士們挑選男客的標準，就是比誰的舞技好。每一位男士只有三首曲子的機會來表現自己。

共舞

妳和舞伴之間的距離近到看不清楚彼此，而且妳們的腳相互勾纏。妳們的距離應該近到妳可以感覺到舞伴的心跳。即使這是妳和他第一次見面，試著不要驚慌，這是你們的舞蹈節奏的脈動。舞蹈中，女士應該處於被動的角色，擔任「跟隨者」，由「領導者」男伴來引領。基本上，領導者會不斷扭擺並旋轉他的跟隨者，讓她展現極致的魅力。

不要和妳的舞伴彼此互望，更不要對話；妳需要完全的專注。只要在滑步入舞池之際，感覺彼此，信任彼此，並互相期待。這就是為什麼妳需要找到一個強而有力的男伴來作為妳的領導者——如果妳們配合得不好，是他的責任。

穿上皮鞋，如果是麂皮底的更好，這種舞蹈式微的另一個原因，就是女士必須要穿高跟舞鞋，而且這種舞鞋需要特別購買。因此

在買之前應該評量自己將會投入的程度。沒錯，它們不是《慾望城市》中凱莉鍾愛的瑪諾羅‧布拉尼克（如果穿這個跳舞，鞋跟一定會斷的），不過它們還是高跟鞋——鞋跟又細又小又方的高跟鞋。

妳絕對不能提起妳的腳，妳必須貼地「滑」過地板，而且妳的雙腳和舞伴的雙腳，要宛如被橡皮筋圈在一起般地形影不離。妳像是溜冰選手一般，用腳在地上畫著一個個圖形。保持膝蓋柔軟，微微彎曲，除非妳做的是舞步結束時的「交叉」（cross）動作，把左腳放在右腳之後，才需要把腿挺直。儘量不要上下晃動，保持肩膀水平。

當妳的舞伴摟住妳時，他是貧是富、是帥是醜、是胖是瘦都不重要；重要的是妳正在跳舞！舞伴的舞技越好，妳就會發現他越好看，這是不變的真理。

羅曼蒂克的氣氛談得夠多了，妳現在需要嫻熟實務的技巧。

踏步上前、停住，放射誘惑的氣息，像照鏡子一樣地複製舞伴的步伐，旋轉進入舞池。

向妳的舞伴行個深深的屈膝禮。如果妳們是在一家酒吧或是百貨公司的排隊人群中，這個舉動當然會讓他感到困惑。但如果妳認為人生如戲，那麼，他應該回妳一個緩慢、微微僵硬但是極其優雅的鞠躬禮，然後問妳一句：「我們共舞好嗎？」（Shall we dance？）

社交舞中的探戈和阿根廷探戈其實非常不同。一個像是瓶裝紅酒，一個像是雪莉酒，妳可以自己選擇。不過學了第一種，另一種也很容易上手，端看妳對男人的口味而定囉。

「妳一定要每首曲子都和這位幸運兒跳嗎？打從音樂開始那一刻，妳就一直和他共舞；難道妳都不打算換換舞伴，跟我跳一支舞嗎？」這是佛雷‧亞斯坦在《Carefree》片中對珍姐‧羅吉斯唱的歌〈換舞伴〉（Change Partners）。

PART 2

成為社交高手

「世界是一個舞台，
而所有的男人與女人都只不過是舞台上的演員；
演員們都需要退場和出場；
一個演員在同一個時間可以扮演多種角色。」
──莎士比亞，皆大歡喜（*As You Like It.*）

成為一個喜愛藝術的人

「一個女人若非對藝術神魂顛倒，就會被藝術領域裡所發出的聲音深深吸引。」

—契訶夫（Anton Chekhov, 1860-1904，俄國劇作家，短篇小說作家。）

如何欣賞現代藝術

妳可能到過美術館欣賞過現代藝術作品，但那些作品對妳而言，怎麼看都像是一堆小孩子的塗鴉，而且妳還以為自己看得懂。其實妳一點也看不出這些作品要表達的是什麼。妳應該要瞭解現代藝術，至少妳得知道如何評價它們。

試著打開心胸，不帶成見地去欣賞一幅畫，心血來潮的時候就到美術館走走，那將比上瑜珈課更能帶給妳心靈上的撫慰。當作品與妳心靈相通時，妳的思想與情感將因此而昇華。大衛‧霍克尼（David Hockney）曾經說過：「藝術能使妳感動，但匠氣般的設計品則不能，除非是一台設計精良的公共汽車。」

現代藝術不是使人心生畏懼而想敬而遠之的創作，它只是一扇打開藝術封閉世界的門，而且吸引一些熱愛藝術的傻子，他們願意丟開所有事情，放下身段為藝術犧牲奉獻。現代藝術並不像妳所想像的那樣曲高和寡，難以登堂入室。

學習藝術史，妳可以先從古典的優秀作品，與經典藝術大師開始，一旦妳對達文西與提香的作品瞭若指掌，可以侃侃而談時，接下來妳便可以從莫內瀏覽到梵谷與竇加等人的心靈世界。

在欣賞莫內時，要花點時間看拉斐爾前派的畫作，再把焦點放在畢卡索、包浩斯、羅思柯與安迪‧沃侯的作品，這些人的作品能讓妳的生

活快速地與現代藝術貼近，許多現代化風格的創意用品，其靈感都是來自於過去的藝術品。

泰納和康斯塔伯曾經被認為是當代的現代藝術家，但現在他們的畫作在許多筆記本和雨傘上都看得到。達文西的作品至少超前他那個時代四百年；畢卡索當時所引起的震撼並不亞於現代的龐克樂團「性手槍」。安迪‧沃侯創立了普普藝術，引起大眾流行文化的反思。現代的藝術家未必會因為無法得到世人的肯定與認同，而窮困潦倒而死，也不會像梵谷一樣搞到要割掉自己耳朵的下場。

如果要更瞭解現代藝術，就應該要跟別人經驗交流，重點如下：

1 藝術作品的顏色
2 作品的情緒表達
3 作品呈現出來的質感
4 作品的畫風與技巧

回顧一下在學生時代，妳是如何欣賞一篇文章和一首詩，妳會想知道文學家想要表達的是什麼，這種欣賞、研究的精神與態度，也可以用在學習認識現代藝術上。妳要有信心，相信自己一定做得到。妳可以從不同藝術品的對比開始（比如：這作品「懸掛」或「擺設」時，各有什麼不同的感覺），或者能說出作品中有什麼意念（肉慾的、狂野的、毫無節制的）感動了妳。

但是也請妳記得：「甲之熊掌，乙之砒霜」，不要強迫別人接受妳的藝術品味。當妳愛上了另一種現代藝術風格時，也不要讓自己僅僅侷限於此。多閱讀相關的書籍，你將獲益良多。

※建議閱讀書單如下：

你不可不知道的300幅名畫及其畫家與畫派（2006年，高談文化）

你不可不知道的歐洲藝術（2006年，高談文化）

你不可不知道的100位西洋畫家及其故事（2006年，高談文化）

你不可不知道的圖片西洋史（2005年，高談文化）

逛逛美術館

　　如果妳要欣賞藝術、瞭解藝術，妳得親自到美術館逛逛，去直接感受一下藝術到底是怎麼一回事。

　　不要讓別人來告訴妳要喜歡什麼，妳必須親自去感受與體悟。現代藝術妳嚐過一次之後，就會想要再去一次。一旦妳開始嘗試，妳會變得更勇敢，再接再厲去品嚐各種不同的藝術創作。只要跨出第一步，妳的世界將會愈來愈寬廣。

全球最好的畫廊

※弗利克私立美術圖書館（美國紐約）

The Frick, New York, America

※古根漢博物館（美國紐約、義大利威尼斯、西班牙畢爾包）

The Guggenheims, New York, America, Venice Italy, Basque Spain

※路易斯安那藝廊（丹麥哥本哈根）

Louisiana, Copenhagen, Denmark

※畢卡索博物館（法國巴黎）

The Picasso Museum, Paris, France

※龐畢度國家藝術中心（法國巴黎）

Centre National D'art et de Culture Georges Pompidou, Paris, France

※泰德畫廊（英國倫敦）

Tate Gallery, Landon UK

※米羅基金會（西班牙巴塞隆納）

Fundation of Joan Miró, Baecelona Spain

你不可不知道的台灣博物館

奇美博物館

其中的兵器和樂器的收藏，在台灣是首屈一指，妳怎能不來這裡看看？

朱銘美術館

台灣唯一的戶外雕塑博物館，巨型作品的氣勢和豐富的底醞，妳會不虛此行的。

故宮博物院

故宮館藏跨距的年份和類型之豐富程度，還需要多加說明嗎？

台北市立美術館

特殊的建築外觀，使它變成台北市的一個著名地標之一。其館藏和特展，說它是台灣最重要的美術館，應該沒有人會有異議。

鶯歌陶瓷博物館

極具現代感的建築外觀，曾獲建築獎項的肯定，鶯歌多年風華盡在此中，豈能錯過？

十三行博物館

這是另一個外觀和構造受到建築獎項肯定的博物館，當然要來看看！

當代藝術館

要瞭解當代藝術，怎麼可以放過這裡呢？

台中的國立美術館

不只是特展和館藏受人注目，周邊的寬敞、舒適環境也可以讓妳好好倘佯、悠閒一下。

三義木雕博物館

木雕的一切都在這裡，妳只需要踏入這裡，讓豐富的館藏帶妳進入木雕的世界吧。

樹火紙博物館

對文化與歷史興趣濃厚的妳，當然要知道文化重要的載體—紙，是怎麼做出來的。

彰化南北管戲曲博物館

妳覺得南北管戲曲是老人家才聽的嗎？藝術沒有年代和年齡之分，妳確定要忽略這裡嗎？

如何欣賞藝術
——薇薇安・魏斯伍德，時尚設計師

「年輕人若不是無所不知，就是一無所知，你是屬於那一種？」

十七歲的時候，我一無所知，因此我求知若渴，而且我想要瞭解我所生活的世界。當時的我認為，從自己的角度來觀察世界非常重要；而且要對自己的行為負責任，因為凡事皆有因有果，所以「謀定而後動」是重要的生活策略。

把寶貴的時間浪費在瞭解藝術的概念與抽象的理論上，是沒有意義的，除非你想要在這方面有所創新，要不然沒有讀它的必要。

藝術教會我們的其中一件事，就是「每個人的想法都不一樣」，我們可以從許多方法來瞭解這個世界。知識是有「關聯性」的，一旦我們獲得了探索新知的機會，沒有什麼可以阻止我們的好奇心。

我在德國柏林教時尚的時候，要求學生多去不同的藝廊逛一逛，我告訴他們：「想像力能彩繪你們的生活，讓你們變得更有創造力，就算身處著火的房間，想像力也能幫你們脫困。」我的學生正在培養自己的判斷力，他們終究會選擇做一個與眾不同的人。

回顧一下十七世紀的荷蘭繪畫，荷蘭畫作在藝術史上以鮮明的「原創精神」而受到注目，每個畫家都有自己的主題，用心地經營不同領域的繪畫分眾市場，滿足不同品味的荷蘭市民。

如果妳到英國倫敦國家藝廊（National Gallery）參觀，你務必要看一看荷蘭畫家威廉・卡夫（Willem Kalf）的靜物畫，畫的前景有一條半削的果皮與檸檬，重點是一張混亂的餐桌上有一隻紅色的大龍蝦，與一個鑲銀的水牛角杯，裝飾畫面的玻璃杯，完全是畫家憑空想像的創作。

平民的生活民情也是一個有特色的繪畫主題，在旅館風情上，沒有比布魯威爾（Adriaen Brouwer）更好的畫家。荷蘭畫家布希（Gerard

ter Borch）與維梅爾（Vermeer）則有志一同地針對「一名女子在一個隱密的房間裡面，有時候在彈奏音樂，或者是與一、兩個男人一塊兒飲酒」這個主題作描繪。

我最喜歡的一幅作品是在法國巴黎羅浮宮美術館裡看到的，這幅畫描繪一個體型高大的男人，這個溫文爾雅的紳士誠懇地將錢奉獻給一名女子。我很喜歡這幅畫當中的男人，他在等女子回應時流露出一種渴慕的情感。

英國倫敦的華里斯藝廊（Wallace Collection）裡，也有荷蘭畫家吉阿德·特爾·布希的精采作品，但那裡我最喜歡的荷蘭畫作是尼兒（Aert van der Neer）的《冬景》（A Winter Scene），他非常用心地在描繪月光下的情景。

荷蘭的魯伊代爾（Salomon van Ruydael）和歌耶（Jan van Goyen）是兩位多產的海景與風景畫家，但最偉大的風景畫家，其實是魯伊士代爾（Jacob van Ruisdael），他畫的天空無人能敵，你會覺得自己身臨其境，也成為畫景中的一部份，要是順著畫中的溪流，還可以看見一個年輕女子從矮樹叢裡穿梭而過。

沙其爾（Hercules Seghers）是雕刻家與第一位風景畫家（但他的作品相當少）。我在欣賞他畫的小幅風景畫作時，非常專注，彷彿時間「停格」了一般。

當我們在凝視這些藝術作品時，必須意識到「繪畫是多麼的重要」。戶外寫生需要許多練習與快速作畫，才可能畫出好的作品，因為戶外會隨著時間變化，尤其是光與影。華里斯藝廊收藏了許多十八世紀的法國藝術品，這些藝術品歷經了法國大革命，卻仍然保存完好，實在是很不容易。

我也很喜歡十九世紀法國風景畫家柯洛（Corot），他相當多產，因為繼承了家中的財產，在沒有後顧之憂的情況下，可以在自己的繪畫天地裡自由地揮灑，雖然從事繪畫工作違背了他父親原來對他的期許。柯

洛是法國巴比松畫派（Barbizan School）的一員，法國畫家杜比松（Daubigny）、盧梭（Rousseau）和普汀（Boudin）也是其中的成員，這些畫家的作品在國家藝廊裡都可以看的到。

　　法國的華鐸（Watteau）天賦異稟，以《優雅慶典》（Fetes Galantes）一舉成名，他的作品流露出戲劇性的場景，補捉了屬於他那個世代的想像力。他擅長「用色」，是上色自如的顏色天才，他畫作裡的素描風格充滿新意。

　　華鐸師承法國畫家布雪（Boucher）和福拉哥納爾（Fragonard），布雪與福拉哥納爾兩人的畫風都是素描寫生，以明亮與獨特的風格，細膩地描繪景物。布雪繪畫時從不用模特兒，他以裸體與著裝的自己做為模特兒，畫出一個從頭上冒出源源不竭蒸汽的他，福拉哥納爾說布雪「能與最私密的自己一起作畫。」

　　最後要提醒妳的是，你內在有什麼藝術養份，都會反映在妳的作品上。請培養自己的藝術品味，從比較不同的藝術作品之中，來建立對藝術的鑑賞力，這個目標就是「求知」。

社交禮儀

在餐桌上該如何忍住不打呵欠

有時候妳只是單純地想打個呵欠，未必是有什麼無聊的事。打呵欠是一個很好的暗示，提醒妳「時間到了，該離開了」、「該上床睡覺了」、「事情告一段落，該休息了」以及「離開這裡，換個地方」………等等。

當你意識到要打一個突如其來的呵欠時，可以緊閉雙唇並儘量地保持微笑，來抑制嘴巴張開。或是記得打呵欠時，用手，或是扇子、手套等物品來遮掩。或是技巧地把將湯匙或餐具弄掉在地上，趁彎腰的時候打呵欠。

優雅地擤鼻涕

「優雅地擤鼻涕」是不可能的。所以需要擤鼻涕時，請跟現場的親友說聲抱歉，暫時離開。面紙應該隨身攜帶。如果妳已經有點感冒，那麼避免在公共場所擤鼻涕的最佳方法，就是「待在家裡，別出門」。

有氣質的抱怨

有些人就是喜歡挑剔，凡事都抱怨，只要讓他們逮到機會，他們就會發難。不過也有一種人，平常總是緘默，百般容忍，可是一旦踩到他們的地雷，他們真的會勃然大怒，一發不可收拾。盡量試著當平靜不易怒的人，如果妳經常生氣抱怨，萬一那天真的遇上緊急狀況，可能不會有人將它當作一回事了。

所以當妳想發脾氣時，第一件事是，暫停一下，然後從一數到十。想想妳是為什麼生氣抱怨？溫和理性地向別人提出妳的問題，能夠怎麼

解決，不要以容忍的態度來面對讓妳不愉快的人事物，妳要讓惹毛妳的人知道妳很不悅。要和緩地表達妳的不爽，如果妳一開始就勃然大怒，那是無濟於事的。

發生爭執的時候，當事人與被投訴者難免都會氣得臉紅脖子粗，有時候他們死命硬坳，有時候他們會有解決方案來善後，也許是賠償了事。切記絕對不要過度憤怒而喪失了理智。

暴力動粗會弱化妳申訴不滿的正當性。記下那個服務不周的工作人員名字，要讓他們清楚知道妳會向她們的高層投訴，甚至必要時妳也會對媒體告發。

如果妳確信妳沒錯，千萬不要軟化妳的態度，或者反過來向他們道歉。如果以上這些手段都無效，那麼拿起你的外套，帶著你的同伴立即離開，不要做困獸之鬥，識時務者為俊傑。不要回頭看，立即離開現場。

如果妳真的嚥不下這口氣，可以透過一些方式進行反撲，但首要條件是在安全的範圍內進行，以免讓自己再次受到傷害。

餐廳禮儀

妳可以從餐廳禮儀中，學到另一些禮節。

1. 先訂位。先訂好位子免得撲空或得排上好久的隊。

2. 如果帶小朋友一起去，要確定他們會守規矩，比如他們在餐廳時會保持安靜，不會把食物拿來玩。訂位時可以先知會餐廳，讓他們有個心理準備，可以應付各種突發狀況。如果還有身心障礙者同行，也要先提醒餐廳的工作人員，讓他們預先做好服務的準備。

3. 在國外的餐廳，當妳進入了餐廳之後，餐廳裡的服務人員會幫妳保管妳脫下來的外套。如果妳不願意讓他們保管，可以用「妳覺得有點冷，想把外套帶在身邊」為理由，婉拒服務生的好意。台

灣的餐廳因為國情和習慣的關係，比較沒有這種服務。

4. 如果妳不清楚菜單上有什麼菜，可以溫和有理地請教服務人員，請他們為妳推薦。妳要有好的態度，才會得到好的服務。

5. 少即是多，吃七八分飽即可，為胃留一點空間裝甜點，沒有人會一下子就填飽肚子的。

6. 如果妳對吃了某些食物會有過敏現象，點菜的時候就要直接地問服務人員，這道菜是如何烹調？做出來的成品大概會是個什麼樣子？不要因為害羞而不敢問，妳應該要防範未然。

第一次約會時的用餐禁忌

☆ 義大利麵滑到下巴。

☆ 喝湯時發出聲音。

☆ 在牛排上倒了過多的醬汁。

☆ 把玉米整根拿起來啃。

☆ 點蛇肉或是其他太過不尋常的料理。

☆ 還有血的肉——如果第一次約會的對象是素食主義者，這道菜尤其不該點。

☆ 吃長條形的法國麵包、香蕉，以及其他長型的食物。

當妳嘴裡還有食物時不要說話，沒什麼事情會緊急到非得在妳吃了滿嘴的食物時，還要狠狠地邊說邊噴口水。聊天的時候也不要一次放太多食物到嘴裡去，妳可以把食物切成一小片一小片再食用，小塊的食物有助於你細嚼慢嚥，愉快地聊天。

關於愛情

如何療癒一顆失戀受傷的心

　　無可避免的，我們都會面對突如其來的失戀，在戀情結束的心碎時刻，你需要聽一些情歌與一盒面紙來療傷。這裡無法告訴妳該如何從失戀中迅速復原，或許妳自己會慢慢平復過來，每個人有每個人的處理方式。

令人心碎的分手托辭

「我們就做朋友吧。」

　　對一個才分手的戀人，如果是對方傷了妳的心，想要「只做朋友」那根本是不可能的事。何不把療傷期拉長，重新沉澱這段已成往事的感情？至於是否要「再做朋友」？妳可以告訴對方，妳會考慮看看，或許若干年之後，妳會打個電話問候他。

「我覺得我們做朋友比當情人更合適。」

　　會說出這句話的人真是差勁，因為他根本就沒有真正愛過妳，甚至從未正視過妳，因為他們連妳的「魅力」都看不到。接下來呢，他們不會再跟你碰面，一次也不會，因為見面只會讓妳更加陷於愁雲慘霧之中。

「我愛你，但是我不能跟妳在一起。」

　　這是一個懦夫才會說的話，離開這種人吧，即使你曾經為他們付出了時間與金錢，而形銷骨毀或荷包縮水，你們仍然不可能有任何結果，如果繼續勉強在一起，只是徒然地浪費彼此的時間與精力。

「妳在我的心裡永遠會有一個位置。」

　　是喔？說的比唱的好聽，省省吧。用腳踩碎這句話，讓他們總有一天會後悔錯過你。

「只是我們相遇在錯誤的時間與不對的地點。」

　　這句話唯一要強調的是「發生的時間與地點是錯的」，難道愛情能在卡薩布蘭加發生，在這裡就不行。這真是一個爛藉口。

「抱歉，我們能再試試看嗎？」

　　妳已經聽過幾次這種話了？老實說，「一次」？請對說這話的人嗤之以鼻；「兩次」或「更多次」？妳真該為自己感到羞愧。

　　有些事情會發生是無法預料的，有時候會因為成長而分離，但是你們仍然持續在談遠距離的戀愛，時空的差距會讓戀情變質，你們試過各種方法，希望能夠找回往日情懷，但都徒勞無功，何妨就記取這次教訓，離開那個與妳緣份已盡的男人。試著去找到另一個懂得欣賞妳的男人，不要扼殺任何一個追求幸福的機會，浪費歲月在沒有結果的戀情上。

妳要誠實堅定地問妳自己下列四個問題：

　　1. 未來的十年之內，我會在那裡？

　　2. 什麼事是我想要完成的？

　　3. 我想要和什麼樣的人在一起？

　　4. 什麼樣的人會鼓勵我，成為我最想要成為的那種人？

　　總而言之，思考過妳需要面對的問題之後，把莎士比亞的羅密歐與茱麗葉拿出來讀一遍，他們悲慘的愛情與妳的失戀相較之下，妳的情況只不過是小巫見大巫罷了。坦然地接受「相愛與分手」在愛情的課程裡，是理所當然和恆久不變的事實。

　　最重要的是，妳要相信真愛，而且瞭解男人就像鞋子一樣。一對戀人就像左腳與右腳，能與妳一起走出去的，才是妳的真命天子。有時候妳需要改變妳的風格，換另外一家鞋店來挑鞋；有時候妳穿鞋的風格要

做一些調整，有些鞋或許不對妳的胃口，但穿起來卻很舒服；有時候妳喜歡的鞋，未必真正適合妳，甚至永遠都不合適。

文學裡的經典名句或許能幫妳度過失戀的低潮，例如：英國桂冠詩人坦尼生（Tennyson）說過：「曾經擁有愛，然後再失去愛，總比從來沒有真正愛過的好。」

從電影《西雅圖夜未眠》（*Sleepless in Seattle*）與《咆哮山莊》（*Wuthering Heights*）等愛情電影中尋求慰藉，不要讓自己在失戀裡一直鑽牛角尖。如果做了這麼多的努力，都沒有辦法讓妳從失戀的陰霾中走出來，那麼就真的沒有其他的辦法了。

但是，所有最精彩的童話故事都是以「他們從此過著幸福快樂的日子……」做為結尾，所以妳也會有幸福快樂的日子。如果妳沒有，不要因此而氣餒，妳可以去買瑪諾羅的鞋子來鼓勵自己，但記得要先試穿。

視妳個人的狀況而定，如果妳分手情形真的很特殊，妳可以考慮這樣調整妳的生活：

☆ 搬家。

☆ 換電話號碼

☆ 換工作

☆ 換個新髮型

☆ 重新整理妳的公寓。如果你們曾在這裡同居過，換個鎖吧。

☆ 改變妳周遭的景觀，例如：陽臺，不要讓舊時景物一再勾起妳的回憶。

☆ 找個時間去度假

☆ 培養新的興趣

☆ 做一些從來未曾與他做過的事。

☆ 去新的環境或妳有興趣的地方走一走

☆ 以理性控制自己，每天妳只能想他20分鐘，時間要逐日遞減。

☆ 禁止自己在朋友面前談起他。

☆ 不要回顧過去。

☆ 如果所有的努力都惘然，妳要去接受心理治療。

如何愛上「對」的男人

妳努力試著去愛上「對」的男人，但卻反而愛了「錯」的男人。妳愈有魅力、條件愈好，就愈難找到妳的真命天子，但不要擔心，冥冥之中只要緣份來了，妳就會遇到他。一旦妳有了對象，在妳準備跟他出雙入對，或是想要將他介紹給妳的父母親，打算跟他結婚之前，妳需要驗證妳是否愛上「對」的人。

1. 他是否會讓妳笑？

2. 他會傾聽妳說話與尊重妳嗎？

3. 他比較喜歡誰？「妳」還是妳通訊錄上的芳名錄？他其實還在尋尋覓覓？

4. 他有企圖心嗎？或者是有一個安穩的工作？

如果上述問題，妳都能得到滿意的答案，那麼妳要繼續深究下列問題：

1. 他真的是單身漢？有沒有太太或女友？他的本質是什麼？

2. 他有小孩嗎？有沒有養寵物？

3. 他有沒有前科？支持那一個政黨？

妙手女廚師

我也要當傅培梅

　　與每件事情一樣，食物也有時尚和趨勢。七〇年代對郊區居民來說，最受歡迎的流行食物是蝦與雞尾酒，但在十年之後就落伍了。減少沾醬、重視食物原味的新式烹飪法，也和蝦子與雞尾酒的潮流一樣，流行於八〇年代。九〇年代，重視健康與養生的烹飪法受到大家的重視，少油高纖的食物獲得更多人的青睞。

　　現在，微波食品逐漸受到歡迎，各大超級市場也都有了熟食區，這些讓烹飪變得更加容易，料理的步驟得到簡化，以免妳在廚房準備食物的時間比烹調的時間還久。

如何便利地下廚

　　也許妳一點也不想成為傅培梅或是阿鴻，但有時候在廚藝方面，妳有必要達到「家務專家」的水準，最起碼，妳也要能夠讓人有妳的廚藝值得期待的印象。首先妳可以到離家最近的超級市場買回妳拿得動的熟食、肉類，有些可以放在冷凍庫，要吃的時候可以微波解凍，派上用場。

　　除了一件質感好的圍裙，妳還要有幾道隨時可以供應的備用菜，臨時需要時，妳可以立刻端上餐桌。如果妳無法做到，那起碼要蒐集餐廳的名片和外送菜單，留意住家附近有什麼新開的餐廳。

　　只要妳家有微波爐和瓦斯爐，妳就永遠不會挨餓，超市有許多種類的微波料理餐包和冷凍食品，只要稍微加熱，或是簡單地水煮過再澆上配料與醬汁，你就可以享受豐富的一餐。

西式早餐

　　妳應該要隨時準備食材，能夠自己做一套西式早餐。還有，妳要能煮得一手好咖啡，或是泡一壺好茶。妳可以煎蛋或炒蛋，再加上煎火腿或是培根，配上烤過的吐司，還有妳煮的香濃咖啡，就是美妙的一頓早餐。或是買一盒柳橙汁或蘋果汁，再加上剛出爐的麵包，也是一種搭配。方便的話，也可以準備鮮奶和玉米片，或是一碗新鮮水果沾優格吃，都是相當簡便又健康的選擇。

簡單可口的開胃菜

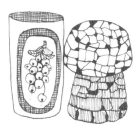

　　開胃菜可以讓客人先填一下肚子，但是又不至於吃飽。然而在夏天炎熱的時候，或者是妳想要來一點有益健康的食物，那麼該吃什麼樣的食物會比較好呢？答案是：「沙拉」，沙拉容易料理，會幫妳簡化生活，妳又何必把生活搞得太複雜呢？

　　以下介紹幾道健康美味的開胃菜與簡易料理的「主菜」，作法相當簡單，不試試看就太可惜了。

三菇豆腐皮

材料：有機豆腐皮一盒（四人份取半盒）、秀珍菇、生鮮香菇、木耳
作料：鮮菇醬油、米淋、純葡萄籽油
作法：將豆腐皮以些許淨水浸泡後瀝乾，洗淨三菇。電鍋底鍋放適量純
　　　葡萄籽油，不須待熱即可將三菇放入，蓋上鍋蓋，帶菇類稍軟後
　　　放入豆腐皮，放入調味料蓋鍋悶煮三分鐘即成。

五色鮮蔬沙拉

材料：有機紅黃甜椒、有機包心菜、有機紫色包心菜、有機大葡萄乾

作料：紅酒醋、亞麻仁籽油、健康低鈉鹽

作法：將各色蔬菜洗淨、瀝乾、切絲，鋪陳盤中，灑上葡萄乾。酌量調好材料，拌入沙拉即成。

蝦球甜豆

材料：鮮草蝦、甜豆

作料：純葡萄籽油、米酒、健康低鈉鹽

作法：將草蝦剝殼剔除沙筋，對剖蝦身至一半，甜豆除筋。油適量倒入鍋內，蝦仁炒好後加入米酒，待蝦仁蜷曲半熟取出蝦球及湯汁，再倒入醬油，炒甜豆至半熟，倒入蝦仁、湯汁，加鹽調味，炒熟。

蕃茄黃瓜沙拉

材料：有機蕃茄及黃瓜

作料：有機大蒜、紅酒醋、橄欖油、蜂蜜、健康低鈉鹽

作法：將蕃茄、黃瓜洗淨，蕃茄切塊，黃瓜切段再分切四段，搗碎大蒜，拌入其他作料調味，最後拌入蕃茄、黃瓜，浸醃數分鐘。

海鮮山藥五穀飯

材料：鮭魚、蛤蠣、洋蔥、山藥五穀米

作料：芥末醬（內含卵磷脂及β胡蘿蔔素）、米淋、鮮美露海鮮醬油、純
　　　葡萄籽油、健康低鈉鹽

作法：蛤蠣洗淨，用滾水燙至開殼，隨即撈出，剔出蛤蠣肉。鮭魚、洋
　　　蔥切丁，將油倒入鍋內，順序炒洋蔥、鮭魚丁，再加入半熟之五
　　　穀米，最後拌入芥末醬。

聖彼得魚排

材料：聖彼得魚排（或用其他無刺魚排）、小櫻桃蕃茄、Basel

作料：橄欖油少許、鹽少許

作法：將魚排放在炙烤架上烤至兩面淡金黃色，剁碎小櫻桃蕃茄用油炒
　　　熟，鋪於盤底，將魚排盛到盤中，灑上Basel或九層塔。

好好善後

　　即使妳無法完美地處理完所有的善後工作，但在妳辛苦整晚，只想
倒在床上大睡特睡之前，至少要把碗盤洗乾淨。碗盤只要先洗完，接下
來的都是小意思。

　　如果妳的客人主動開口說要幫妳洗碗，那妳就答應他吧。除非妳對
他有好感，這樣妳最好不要麻煩他，讓他對妳留下好印象。

作個稱職的客人

　　妳很幸運能夠受邀參加別人的家庭餐會，妳會因為「客人」這個身份而備受禮遇。為了答謝主人的招待，妳必需向主人表達妳的謝意，妳可以在回家的路上打電話告訴她：「今天那道沙拉真好吃，謝謝妳告訴我作法，哪天我也要自己做做看。」，或是傳封簡訊，簡單表達謝意。雖然只是小小的動作，但作東的主人會覺得今晚的辛苦和企畫都很值得。

來個悠閒的下午茶時光

下午茶

　　茶，已經有四千五百年的歷史。據説是西元前二七三七年，遍嘗百草的神農氏發現的。神農氏發現這種樹葉的葉形、葉脈、葉緣，和一般的樹木不一樣，便採集一些帶回家去仔細研究，並命名為「茶」。

　　後來茶從中國傳到阿拉伯，再輾轉進入歐洲。十八世紀初，英國布德福（Bedford）家族的第七位女公爵安娜，成為下午茶的創始者，她認為每天下午花一個小時優雅地喝杯茶，配上一些餅乾和點心，可以避免優雅的女士們肚子餓得咕嚕咕嚕叫，兩餐之間也可以暫時填一下胃。

　　三明治則源於一位伯爵，他把食物夾在兩片麵包之間，沒想到既美味又可口。下午茶搭配點心與三明治的習慣，很快地成為許多人下午社交性聚會的好理由，也成為英國人日常生活中不可或缺的習慣。

精選「舒壓茶」

喝茶可以幫助解憂抗壓，喝茶前妳可以先準備鬆軟舒適的靠墊，放一首清柔和緩的輕音樂，與友人舒舒服服地坐下來，端出妳的茶與點心，來一個愉快悠閒的下午茶。以下是幾種頗有好評的精選茶：

英式早餐茶

英式早餐茶有著濃郁的香氣與渾厚的口感，適合一大早飲用，趕走妳身上的瞌睡蟲。

伯爵茶

英國格雷伯爵出使中國後，帶回加入佛手柑風味的紅茶秘方，因此這種紅茶以之為名。

大吉嶺紅茶

大吉嶺的味道輕揚甜潤，洋溢著清新的花香，是非常容易入口的茶。

薄荷茶

薄荷能夠幫妳解毒、減壓與揭開妳的神秘面紗，讓妳更健康和更平易近人。

甘菊茶

甘菊能幫妳減輕焦慮與改善失眠狀況。

水果茶

水果茶是嬉皮最喜歡喝的一種草本植物果茶，它也是嬉皮的精神象徵，無咖啡因但口味甜美。

綠茶

不論是精神或心靈上的煩憂，綠茶都可以幫妳得到淨化。

茶包用過後先別急著扔掉，妳可以冰到冰箱裡，可以敷在雙眼以解除疲勞。

在台灣喝得到的中國茶

王俊欽，王德傳茶莊經理

舞色茶

茶葉形狀似一人形，沖泡時像是人在茶湯裡跳舞，故名舞色茶，無農藥的有機五色茶，是注重養生的妳首先可以考慮的茶品。

北埔東方美人

白毫烏龍的一種，沖泡之後帶有蜂蜜的香味，清雅的氣息令人無法忘懷。

桂花鐵觀音

以花苞與鐵觀音混合，使茶葉帶有桂花的清香氣息，跟市售的貌合神離混合茶絕對不一樣。

茉莉烏龍

在下午時分摘下花苞，在晚間八點盛開時與烘焙過的茶葉混合在一起，使香氣與茶葉如水乳交融般合為一體，品茗的馨香絕對讓妳心曠神怡。

阿里山金萱

阿里山的金萱不只好喝，也是台灣的特色茶，更是致贈外國親友的好禮物。

玫瑰綠茶、玫瑰紅茶

這茶不但好喝也好看，玫瑰花瓣與綠茶和紅茶的搭配，也是一絕。尤其玫瑰又有美容、瘦身的功用。

玫瑰普洱茶、桂花普洱茶

你以為普洱一定有陳味嗎？好的普洱非但沒有陳味，還會有一股淡淡的桂圓味道，飯後喝普洱最好，去油解膩效果佳。

滇紅

雲南專屬茶園產製的紅茶，氣味芬芳，加入牛奶做成奶茶亦滋味無窮。

你不可不知道的茶知識

台灣開茶莊的人，十個人裡有八個人姓王。

世界三大紅茶產地：中國祁門、阿薩姆、烏巴。

泡茶的三大要素：水溫、茶量、時間。

泡茶基準：

綠茶：90 cc.的水用4.5公克，泡10秒。

紅茶：90 cc.的水用4.5公克，泡20秒。

烏龍茶：90 cc.的水用4.5公克，泡30秒。

三次之後，沖泡時間以次遞增10秒。

如何有好的餐桌禮儀

「今天對小朋友而言最困難的一項任務，是要他們學會好的禮
儀，但卻沒有好的榜樣，可以讓小朋友效法的。」

——佛雷‧亞士坦（Fred Astaire, 1899-1987 美國舞蹈家與電影演員）

如何佈置餐桌

　　餐桌應該要讓人想要坐在那裡用餐。有許多方法可以讓餐桌看起來
生氣蓬勃，不再只是張冷冰冰的桌子。妳可以依照季節變化，或者是妳
的靈感來設計主題。

　　不要低估一張好的桌巾，它可以為用餐時的歡樂氣氛錦上添花。餐
巾紙是餐桌上的必需品，請準備充裕以供用餐的人可以隨時取用。

妳可以在餐桌上放些植物或是幾支小花。一些飲料的玻璃空瓶，可以營造出許多不同的感覺，把它拿來插花或是當作燭台吧！維瓦第的《四季》與莫札特的《弦樂小夜曲》，都很適合用餐時聆聽。

「把腳翹在餐桌上會倒楣」，就算不會帶來厄運，也是很沒禮貌的行為，妳應該要對餐桌上的禁忌有所瞭解。如果妳對正式的餐桌禮儀仍有疑問，可以去閱讀相關的書籍或在網站上瀏覽國際禮儀網頁（www.mannersinternational.com）中的選項。

使用餐刀、叉子與湯匙

握著刀子、叉子與湯匙這些餐具的時候，儀態應該要很優雅。一般來說，歐洲人習慣將叉子放在左手邊，而刀子放在右手邊。食用時，要講究地將食物切成一小塊一小塊，慢慢地優雅食用，一次放太多食物到嘴裡，不但失禮，而且也很難開口講話。千萬不要用刀子去取妳拿不到的食物。

善用用餐時的空檔時間

假如妳已經點了餐，餐具也都擺好了，正在等著上菜，這時妳應該利用這段空檔觀察一下附近，留意一些妳可以學到的餐桌禮儀。

餐具一旦用過，餐廳服務生就會將它們收走，如果妳還要繼續使用，妳可以將餐具放在餐桌上，服務生就能意會妳的意思，而不會收走你的餐具。

當妳用餐完畢，要把刀子與叉子平行地一起放在餐盤中央。

妳確定妳都知道這些用餐禮儀了嗎？

餐具簡史─「餐刀、叉子與湯匙」

這些餐具的相關禮節是歷經十幾個世紀以來，不斷地改進、演變與修正而成的。

餐刀的出現，要回溯到第五世紀，考古學家曾在英格蘭挖掘出銅製的餐刀。中世紀時，大部份的人用餐時是用手拿取食物，因為他們沒有洗滌的觀念與習慣，所以需要供應充裕的餐具以便使用。

十一世紀的時候威尼斯總督道格‧多明尼哥‧撒維（Doge Domentico Selvo）娶了一位希臘公主，這位希臘公主的嫁妝就是叉子的使用技巧。

在一三六四－一三八〇年間，查爾斯宮殿（Charles V's palace）裡的物品清冊中，有叉子這個項目，但當時叉子的用處是：預防吃飯時手會弄髒，所以使用叉子。

一五三三年，義大利的凱撒琳‧麥第奇（Catherine de Medici）帶著叉子嫁給法國亨利二世（Henry II）。

一六三〇年，殖民地時期的美國麻薩諸塞州州長，以他們是第一也是唯一使用叉子的人為傲。儘管那時美國已經從歐州進口了餐刀，但當時還沒有普遍使用叉子。

一六六九年，路易十六（Louis XIV）為了避免用餐時發生暴力事件，因此禁止使用銳利的餐刀。

十八世紀初，德國的家庭普遍使用「四根錫製的叉子」。維多利亞時期開始，有了整套的餐桌器具，每種餐具都有其功能，而且也有固定的放置方法，餐具抽屜也是那時開始有的，碟子、叉子、餐刀，以及舀乳酪的小湯匙，都是那時很受歡迎的新發明。

到了一九二〇年代，有了不銹鋼餐具，人們不需要花時間把銀製餐具擦個雪亮，餐具在這時更為大眾所接受。

優雅地以手指用餐

如果妳不能用餐具或筷子來用餐，不必擔心，因為妳並不會因為這樣就餓著。有些食物用手抓起來吃，反而更好，用手抓食物入口就食，也可以是一件非常迷人的事情，只要確定妳不會不小心把手指上戴的鑽石戒指當食物吞下去就好了。手上的珠寶飾品在進食之前，應該要先取下來妥善地收藏，最好就放在妳的手提包或著是口袋裡。

幾乎在雞尾酒派對上的每一道食物，或者是餐前零嘴，都是「用手指抓起來吃的食物」，事實證明吮指回味地享用美味食物，也可以吃相優雅。

使用餐巾

餐巾是餐桌上細緻的配件，在正式的晚宴上，妳一定會使用到餐巾。

開始用餐時應注意的規則：

從妳的餐桌上拿起餐巾，打開來攤放在妳的膝上。在高雅的餐廳裡用餐時，服務生應該會為妳做這項服務，所以當他們幫妳打理餐巾時，不要太緊張。

結束用餐時應注意的規則：

用餐巾輕輕地擦拭妳的嘴巴，然後把餐巾放在餐盤旁邊。妳不需要把餐巾疊回原來完全沒有使用過的樣子。還有一件事需要特別留意：「不要把餐巾放在椅子上」。傳說中，一個用餐者若是把餐巾放在椅子上，未來將不能再坐在這張椅子上，再在這張餐桌上用餐了。」妳應該知道，在高級餐廳裡用餐，要得到一張好桌子，並不是件太容易的事。

如何鑑賞酒

酒是經過發酵之後，含有酒精的葡萄汁。在正式的派對上與社交場合會供應酒，這些酒通常是白酒、紅酒，或是玫瑰酒。酒也是一種投資，像一件真皮夾克一樣，會隨著時間而增值，這也就是為什麼酒瓶會成為收藏家的收藏品之一，以及葡萄園收成時會吸引大批的觀光客湧入的理由。

買酒是一回事，鑑賞酒則是一門藝術，一旦妳經由練習而學會了如何鑑賞酒時，妳就會發現用餐時配酒是件稀鬆平常的事情。

飲酒的4項禁忌：

1. 絕對不要空胃喝酒。
2. 絕對不要把不同風味與品牌的酒混著喝，這樣非常容易醉。
3. 絕對不要酒醉到頭暈眼花昏昏欲睡，這樣會很掃興。
4. 不要拼酒，除非妳已經做好了心理準備，不是醉得不醒人事，就是醉倒後有人送妳回家。

品酒

品酒就是用鼻子聞聞酒香，和淺嚐一下酒味，品酒會讓妳對酒的風味有些初步認識。品酒好像多此一舉，但其實是有道理的。

品酒就像去鞋店買鞋要先試穿一樣，有很多不同的風格與品牌可供挑選，妳要試過才能找到適合妳的酒。

打開一瓶酒，倒一點在杯子裡，拿近嘴邊，閉起妳的雙眼，慢慢地把酒杯移到鼻子下，深深地聞一下氣味，讓妳的心神去「聞香」，旅程會

經過一片紅褐色的風景，有圓形的山丘，一個女人穿著休閒的襯衫往前走，拖著長長的裙擺延著小徑走去。是的，「酒」就是這麼會說故事，妳必需傾聽與沉迷於這美妙的故事之中。

真正特別的酒所散發出來的氣味，會讓妳的味蕾隨著心盪神馳，為酒著迷。這就是為什麼有些酒會讓人一喝上癮，欲罷不能。

如何打開酒瓶

如果妳是在家，沒有精神抖擻的酒保為妳服務，這時妳必須自己學會打開酒瓶。打開酒瓶很簡單，但是妳需要一點練習，才能熟能生巧。

穩穩地握住瓶頸，用膝蓋夾住瓶身，防止酒瓶滑動，拆掉酒瓶的所有包裝，用螺旋拔酒瓶鑽叉入瓶口的軟木塞。

當妳感覺到螺旋鑽已經深入軟木塞，這時妳需要用力轉它，這樣才容易將軟木塞拔出來。總之記得要慢慢來。

如果是香檳，開的時候就會噴出泡沫，所以倒香檳酒有特殊的技巧，同時妳得有香檳泡沫一湧而出的心理準備。我們常在電視上看到：「香檳『剝』地一聲爆開，酒液泡沫四散飛濺在眾人身上」的歡樂畫面，如果妳也想這麼做，開瓶之前要先搖一搖酒瓶。否則開瓶時要保持瓶身穩定，不可以搖晃。

酒瓶外面以錫箔紙纏繞酒瓶的包裝紙，是過去預防老鼠靠近的保護物。在這些包裝紙的底下妳會看見一個金屬線圈，把它拿下後，記得按好軟木塞，這樣香檳才不會在妳還沒準備好的時候，就突然地噴了出來。

拿出來的軟木塞會無法再塞住瓶口，所以香檳酒一定要喝完。

如何辨識酒是否變質

變質其實就是酒已經變酸、變壞,通常是因為空氣進入了酒瓶裡面,讓酒起了化學變化而變質,或者是因酒沒有被妥善的儲藏所造成的。

妳可以先輕搖酒瓶再試聞,初步判斷一下,預防不要喝到變質的酒。如果酒味嚐起來黏稠而濕,酒瓶外觀像是襪子或者是毛絨絨的香菇,這樣的酒鐵定已經變質。

紅酒

紅酒的味道濃醇,還帶點草莓的味道,色澤深沉。紅酒最好是在寒冬的夜晚,餐桌上點燃燭光的時候,與紅肉、麵包,以及香醇濃郁的乳酪搭配在一起享用。喝紅酒時,要將紅酒倒入大的玻璃杯裡,讓紅酒與空氣接觸,充分發展它的生命力。

紅酒象徵熱情、性感、優雅,也可以代表髮色和膚色皆為褐色系的女子,像是蘇菲亞·羅蘭、珍·曼殊菲兒,或是香奈兒女士。

推薦紅酒

卡本納

排水系統良好,及肥沃度較低的土壤才能種植出最好的葡萄。卡本納(Cabernet Sauvignon)紅葡萄酒是由一種果皮較厚的深藍色小葡萄所製造出來的,它的色澤深沉,味道濃郁醇厚。

卡本納紅葡萄酒來自於法國西南部波爾多地區的美多克(Medoc)與格拉夫斯(Graves),這裡種植了茂盛的黑色紅醋栗,成熟時會變成一種煙醺香柏木般的濃稠色系。

生產卡本納紅葡萄酒的葡萄,在美國的加州也有種植,再製造出一種結合了醋栗、薄荷、油加利樹與香草木等多種豐富味道的酒。澳洲則是在庫納瓦拉(Coonawara)地區。

澳洲的庫納瓦拉地區生產的紅酒味道豐富,含有黑色紅醋栗與漿果味,甚至會辛辣地讓妳嚐不出真正的酒味。卡本納紅葡萄酒非常便宜,很適合男孩嚐嚐看。

梅洛

梅洛(Merlot)葡萄可以適應大部份的土壤,而且栽培方法也很簡單。以梅洛葡萄釀出來的紅酒,口味較為清淡爽口,無刺激性。梅洛葡萄在許多國家都有,像是美國加州、智利及義大利北部,成果都不錯。

最好的梅洛葡萄是在聖愛明(St-Emilion)和波摩爾(Pomerol)兩個地區所栽種,這種葡萄能在潮溼黏性強的土壤裡生長,所以梅洛葡萄的風味質地遠比卡本納葡萄來得好。

梅洛葡萄可以生產濃郁多汁與味道豐美的波爾多紅葡萄酒。以下推薦三種品牌:1. Lin Pin, 2. Petus, 3. Clint。

黑皮諾

黑皮諾葡萄(Pinot Noir)是一種果皮較薄、小團緊實成串的葡萄,在排水良好、稍微深一點,以石灰岩為基礎的下層土裡生長,像是勃根第的克德歐(Cote d'Or)地區。

黑皮諾葡萄生產的紅酒色澤較淺、酒味清淡,含有豐富的水果精華。新鮮稚嫩的黑皮諾葡萄聞起來充滿甜味,若將新鮮稚嫩的黑皮諾葡萄與搗碎新鮮的覆盆子果實、櫻桃,和紅醋栗拌在一起,那更是芳香四溢。成熟的黑皮諾葡萄嚐起來口感光滑柔軟,風味濃厚。

黑皮諾葡萄是香檳酒裡的主要成份,因為這種葡萄在全世界各地都有栽種,比如:卡雷諾斯(Carneros)、俄羅斯河谷區(Russian River Valley)、美國加州、馬丁自治區(Martin borough)和紐西蘭中部的歐特格(Otago)等地區。

白葡萄酒

　　白葡萄酒會讓人想要放輕鬆，又充滿著情調；白葡萄酒有著成熟的風味，和紅酒相比，白葡萄酒口感比較酸，奶油香草是白葡萄酒裡必備的基本成份。盛白葡萄酒的杯子，最好是瘦長的高腳杯，白葡萄酒搭配鮭魚、烤雞肉，以及義大利麵會更棒。

　　白葡萄酒像是金髮女郎，尤其是像金髮碧眼的北歐女子，比如：瑪麗蓮・夢露、史黛芬妮（Gwen Stefani）和葛妮絲・派特洛。白葡萄酒像是貂毛外套與鑽石耳環等華麗高貴的時尚精品。

推薦白葡萄酒

夏多納

　　夏多納（Chardonnay）是一種變種的葡萄，也是白葡萄酒的名字，但由於夏多納已經被過度的濫用，很容易被騙，買到品質不佳的夏多納白葡萄酒。這種酒有不同的等級，從非常昂貴和飲酒專家才喝得到的，到一般喜愛喝莎布利（Chablis）白葡萄酒的人都有。莎布利是用夏多納葡萄生產製造出來的。

　　夏多納是世界上種植區域最廣的產酒葡萄，雖然夏多納最好要栽種在比高石灰岩還優質的土壤，但它卻可以適應許多不同的土壤。

　　法國的香檳區、莎布利與克德歐等區，都有栽種夏多納葡萄，但是夏多納葡萄真正的原鄉是法國勃根第。一流的勃根第白葡萄酒豐富甜美，有著均衡、優雅的氣質，勃根第白葡萄酒無疑是世界上最優質的白葡萄酒。

　　美國加州與澳洲生產的白葡萄酒，主要都是用夏多納葡萄製造，智利、南非與紐西蘭都廣泛地栽種。在氣候溫暖的地區生長的夏多納葡萄，容易糖份過高，但當它熟到最後一個階段的時候，又會產生酸度。

推薦頂級的夏多納白葡萄酒：

1. Meursault
2. Puligny-Montrachet
3. Chassagne-Montrachet

白蘇維翁

　　白蘇維翁（Sauvignon Blanc）是在法國波爾多和羅亞爾河谷生長的白葡萄，這種白葡萄現在已經在紐西蘭與智利成功地大規模栽種。這種白葡萄能在波爾多碎石的土壤裡茂盛生長。白蘇維翁葡萄在白堊質的土壤裡，會長的特別好，在森瑟（Sancerre）和波利風（Pouilly-Fume）兩個地區，都有出產這種土壤裡所長出的優質白蘇維翁，這裡的白蘇維翁葡萄能製造出乾澀、芳香、風味獨特的白葡萄酒。

　　紐西蘭的雲之海灣（Cloudy Bay），在一九八〇年代開始生產讓人驚豔的白蘇維翁白葡萄酒，酒裡帶有非常濃郁的醋栗味道，甚至還有蘆筍的香味，馬柏羅的雲之海灣就此成為酒的世界地圖裡的重鎮。

灰皮諾

　　灰皮諾（Pinot Gris）是法國亞爾薩斯（Alsace）的一種頂級葡萄的變種，那個地方也以生產拖凱葡萄酒（Tokay）而聞名；義大利也有個「比格瑞格」（Pinot Grigio）地區，同樣是種植了許多葡萄，因為這兩個地名相似，所以很容易混淆。在法國亞爾薩斯地區有黏性豐富的土壤，因此可以生長甜美乾澀的白葡萄，成熟時風味會變得非常好，帶有奶油般的特殊口感。義大利北部的比格瑞格尤其廣泛栽植。法國南部、澳洲與美國加州都有值得一看的白葡萄。

玫瑰酒

顧名思義，玫瑰酒是粉紅玫瑰色的，因為是用沒有去皮的紅葡萄搗碎製作。玫瑰酒是最好儲藏的香檳酒。

以下是四種最值得推薦的玫瑰酒：

1. Mateus Rose
2. Casal Mendes Rose
3. Lacheteau Rose
4. d'Anjou and Domaine de Pellehaut Rose

愛上香檳

「當我快樂與悲傷的時候，我只喝香檳；有些時候因為孤獨的緣故，我也會喝香檳；當我與朋友聚會的時候，理所當然的更要開香檳招待友人；如果我既不餓也不渴，沒有任何想喝香檳的慾望，我便隨意把玩香檳自娛，否則其他時間我絕對對香檳滴酒不沾，除非我口渴了。」

── 莉莉‧寶林格（Lily Bollinger），前「寶林格」香檳屋女主人

香檳（Champagne）是法國的一個地名，只有法國香檳區的香檳酒，才是真正道地的香檳，其他的都是假的。

香檳酒是由下列三種葡萄調製而成的：1. 黑皮諾葡萄，汁液豐富、2. 皮諾葡萄，有香料感覺的葡萄水果風味、3. 夏多納，一種質感細緻與新鮮的白葡萄。

酒的種類琳瑯滿目，妳得知道哪種酒比較適合妳，妳喜歡有泡沫的嗎？還是有一些葡萄水果味道的？或者是口味清淡的？

如何品酒

　　喝酒是一件容易的事，但是「品酒」與「喝酒」則截然不同。「品酒」是需要妳所有感官全心投入與全神貫注地去感覺，妳才可以察覺酒裡的每一個細節、差異與變化。

視覺：「看」的感覺

　　這瓶酒「看」起來是清澈還是混濁？任何看起來混濁的酒，妳都必需退貨。白葡萄酒應該是晶瑩閃爍、清澈透明，如檸檬般金亮，白葡萄酒隨著時間愈久，色澤會愈濃郁。

　　紅酒應該是深紅的紅寶石色，或者是黃褐色，但這會因紅酒製造日期與保存時間而有所不同，紅酒愈偏深紅表示酒齡愈年輕，若是愈偏橘黃色或是褐色系，則表示有點年紀了。

嗅覺：「聞」的感覺

　　這瓶酒「聞」起來乾淨還是不乾淨？這個問題聽起來很荒謬，但是通常變味的酒在妳嚐到之前，妳得先問自己這個問題，來辨識酒有沒有變質、發霉或是酸腐掉了。聞酒也可以在喝酒之前給妳一點感覺，這個酒是甜的、葡萄味道的、堅果風味的、香辣味道的，還是散發著香氣的美味等等。

味覺：「嚐」的感覺

　　啜飲一小口酒，活動一下妳的舌頭，讓每個味蕾都嚐到酒的味道，妳的舌尖嚐到甜味了嗎？這酒是澀的、普通、還是甘醇的？如果嚐起來像檸檬，那麼這瓶酒是酸的，白葡萄酒會比紅酒來得酸一些。

　　品酒可以讓妳感受到酒的品質、醇熟度（紅酒有香料的香味；白葡萄酒會有蜂蜜般的甜味）、酒的原味，並嚐到不同口味的葡萄。

　　四處旅行是品酒的最好方法，當妳旅行到一個地方，而這個地方又以

「酒」聞名的話，那麼妳一定要去喝喝看當地的酒。在家時妳通常會買最好的白葡萄酒或紅酒，外出旅行會讓妳有機會嚐到各種不同口味的酒。

法國和義大利是產酒的主要國家，妳不應該忽略這兩個國家出了什麼酒。除了這兩個國家，葡萄牙、阿根廷、南非、智利、紐西蘭、匈牙利、澳洲、美國加州、西班牙和德國，也都產酒。

一般來說，波爾多有法國最好的酒，巴羅洛（Barolos）則有義大利最好的酒。妳到了西班牙就該挑里奧哈（Rioja）出產的酒來嚐嚐。在德國，如果妳不喝羅絲林（Riesling）或者是萊恩（Rhine）所出產的酒，那就太可惜了。加州是美國產酒最豐富的一州，產量與法國可以等量齊觀。

盡情地去多多嚐試各種酒，就像妳有各色各樣的口紅一樣。

要喝有質感的酒

有些人不用英國的葡萄來製酒，有些人則非常留意國外進口的葡萄，因為每個人的喜好都不太一樣。廉價的波爾多葡萄就像一車的垃圾一樣讓人反感，最好也要避免買太過便宜的香檳與薄酒萊。

妳不一定要耗資買頂級的酒來喝，但如果妳只想出一杯可樂的錢，卻要買到有一定水準的酒，那是不可能的事。

如何清除酒漬

如果妳的紅酒不小心灑出來了，妳可以用鹽或是白酒來去污。鹽適合用來清除地毯上的酒漬，白酒適合用來清理衣服上的酒漬。

創作靈感的泉源

據說苦艾酒會導致失明、言行失常，而且甚至會造成死亡，但是這個酒卻是畢卡索、海明威與梵谷最喜愛的創作靈感泉源。

如何解除宿醉

「把這些衣服都拿走,給我一杯乾澀沒有甜味的馬丁尼。」

——梅·威斯特（Mae West）

過度放縱自己飲酒作樂的結果,會導致意識喪失、頭痛欲裂、噁心想吐,以及其他痛苦症狀。妳可以用下列方法來解酒。

解酒的方法:

☆ 蕃茄汁,洗一個久一點的熱水澡。

☆ 水、水與更多的水。

☆ 水與維他命C。

☆ 水與維他命B群。

☆ 維他命E。

☆ 脫脂牛奶。

☆ 黑暗不被打擾的地方,與其他人對宿醉者的同情和照顧。

☆ 喝大量冰的可口可樂（不要低卡的健怡可口可樂。）

在喝酒前可以做一些預防措施,例如:在喝酒之前,先喝杯牛奶,或是吃片奶油麵包,來保護妳的胃,但是要避免吃含有咖啡因的食物。或者是先把酒暫時含在嘴裡不要吞下去,再找適當的時機吐出來。每一個酒醉案例都是獨立的個案,有時候最好的應對之策,只有蜷曲身體平靜地躺下來。

狂歡的隔天依然亮麗

如果歷經了一整個瘋狂飲酒的興奮夜晚，第二天妳得照樣早起，不能賴床，這時候妳真的需要一些錦囊妙計。有句話說：「工作時要努力，玩樂時要盡興。」但盡興玩樂之後，妳仍然要走進辦公室。

妳需要兩件必需品：

1. 太陽眼鏡：寬邊黑色大鏡框太陽眼鏡，賈桂林・歐納西斯與奧黛莉・赫本都曾經戴過這種款式。妳可以選擇Dior、Chanel或者是YSL的太陽眼鏡，它們會讓人印象深刻，使妳全身散發出無窮的魅力。

2. 聖羅蘭的遮瑕膏：用這個來掩飾妳的黑眼圈，最後在兩頰刷上明亮的腮紅、上睫毛膏，讓臉色有神采。記得喝飲料與水來補充水份。

如何博奕

荷馬：「妳老媽真的很離譜，她竟然認為賭博是錯的；即使有人告訴她，聖經上是允許賭博的。」

莉莎：「喔？真的嗎？在聖經的那裡有說？」

荷馬：「嗯………，在聖經書背上的某個地方。」

——影集：辛普森家庭（The Simpsons）

如何打撲克牌——玩「梭哈」

由於美國拉斯維加斯（Las Vegas）的燈光不歇，夜夜笙歌，與賭場霓虹燈閃爍，營造了一股魅力四射的賭風，目的就是為了要吸引許多顧客到美國拉斯維加斯朝聖。

賭場為什麼會這樣的吸引人呢？妳回想一下這些畫面：卡彭（Alphonse Capone）與亨佛萊‧鮑嘉（Humphrey Bogart）在賭場裡大獲全勝，贏得了大筆的賭金，買了一輩子都戴不完，也用不盡的鑽石飾品來供養他們的情婦。

瑪麗蓮‧夢露（Marilyn Monroe）與莎朗‧史東（Sharon Stone）兩位女星是我們女性的榜樣，因為她們率先步入賭場，為女性在賭場開了一扇門。

賭場其實是一個很好的地方，讓妳一邊喝著馬丁尼，一邊仔細地瞧一瞧大帥哥班‧艾佛列克（Ben Affleck）是如何在賭場裡運籌帷幄；這或許也給了妳一個藉口，打通電話給小班，請教他關於賭博的相關問題，畢竟妳需要一個好老師來教妳「如何在賭局裡成為玩家」。

撲克牌發展簡史

在所有紙卡製的賭博遊戲之中，最受一般人歡迎與喜愛的是撲克牌。這要回溯到西元九百年遙遠的中國；但也有人說撲克牌是由波斯人的五人遊戲裡演變而來的。

還有人推測，撲克牌是源自於法國的撲克（Poque）地區，十七世紀時在美國的紐奧爾良（New Orleans）發揚光大，蔚為風行，再經由法國移民將撲克牌介紹到美國。

美國的撲克牌是從密西西比河和俄亥俄河一帶發源的，經由馬車與火車跨越美國，這時只有「黑桃」、「方塊」、「梅花」與「紅心」這四種牌。一八七五年時「鬼牌」才被引介到美國。

目前在賭場裡，撲克牌仍是最讓賭客沉迷的紙牌遊戲，也是目前線上遊戲中最受歡迎的遊戲之一。

「梭哈」入門

撲克牌真的是很需要技巧的遊戲，現在撲克牌賭局已經不用以點計分論輸贏；如果妳賭贏了，可以直接拿現金。在妳打算進入賭場之前，妳必需先學會如何玩撲克牌。

撲克牌玩法有很多種，遊戲規則也相當複雜，所以可以先專攻梭哈，因為梭哈最容易學會。懂一些基本的數學機率對玩梭哈很有幫助，但是最需要的還是心理學，女人因為比較會揣測心意，這方面應該會有些優勢。

梭哈一次要用到52張牌，這52張牌的大小，由高到低順序為：A、K、Q、J、10、9、8、7、6、5、4、3、2。

這52張牌可再被分成4套牌，分別是：梅花、黑桃、紅心與方塊。

一開始每個人都有5張牌，梭哈的輸贏，要看最後誰手中握有最好的牌，由好到壞的順序如下：

同花順	同花大順的是五張都是最好的牌：A、K、Q、J、10。
順子	同花順是五張連續數字的牌，而且要同一花色，如：「紅心A、紅心K、紅心Q、紅心J、紅心10」。如果出現兩組以上的「同花順」，就來比大小。
鐵支	五張牌中有四張連續數字，如：「紅心A、黑桃A、磚塊A、梅花A、梅花K」，如果出現兩組以上同花順，就來比大小。
葫蘆	五張牌中有三張連續數字與二張連續數字，如：「紅心A、黑桃A、磚塊A、梅花K、梅花K」，如果出現兩組以上的葫蘆，就來比大小。

同花	五張牌都是同組花色。如：「紅心A、紅心8、紅心9、紅心J、紅心K」
順子	五張牌是連續數字，花色不需要一樣。如：「紅心A、黑桃K、紅心Q、紅心J、紅心10」
三條	五張牌中有3張數字相同。如：「紅心A、黑桃A、梅花A、紅心J、紅心10」
兩對	五張牌中有兩對數字相同的牌，如：「紅心A、黑桃A、紅心K、黑桃K、紅心10」。
一對	5張牌中有一對數字相同的牌，如：「紅心A、黑桃A、紅心Q、紅心J、紅心10」。
散牌	五張牌數字和花色都不相同。如：「紅心A、黑桃8、紅心9、紅心J、紅心10」。如果所有人都沒有好牌，那麼就比誰有最大的牌。若有人手上有最大和最小的牌，就比較次大的牌是誰比較大。

　　現在妳已經知道梭哈的遊戲規則了，找一群玩伴開始洗牌，玩吧。梭哈是以現金下注，但在遊戲開始之前，請先協調好賭金的上限，不要太大，讓輸贏無傷大雅。不要因為豪賭而傾家蕩產或欠債。

開始梭哈吧

我們應該如何開始呢？下列有八個重點要告訴妳：

1. 發牌之前要先放賭金。妳可以瞭解一下到底有多少賭金，不過請記住，這只是一場遊戲，不要表現得太過介意。這牌局一定會有人贏，希望那個贏家就是妳。

2. 發牌人繞著賭桌，以順時針方向發牌，每次每人一張，直到每個人手中都有五張牌為止。如果發牌人自己也參加，那他是最後發到牌的人。發牌人必須可以掌握參賽者與現場狀況，或是由最擅長洗牌的人擔任。剩下的牌放在桌的正中央。

3. 看一下妳手中有什麼牌，注意別被其他人看到。由發牌人決定誰第一個出牌，然後依序出牌。

4. 在第一輪出牌時，參賽者可以出牌，也可以不出牌。若是第一張牌由妳開始，妳可以有三個選擇：

觀察：

如果妳觀察另外一位參賽者，這表是妳覺得他可能與妳旗鼓相當。

增加賭注：

當妳想要增加賭金前，必需先觀察過局勢。

退出賭局：

即使有人出了第一張牌，賭局已經開始，妳還是中途棄權，以減少妳金錢的損失。如果妳想棄權，可以把妳的牌正面朝下放在桌上，那麼妳的損失就到此為止。棄權之前要想清楚。

5. 如果沒有人想退出賭局，參賽者可以踢掉他們不要的牌，再拿新的牌。一個人最多可以踢掉三張不要的牌，從桌上也是最多拿回三張牌（每個人身上要保持五張牌的數量）。沒人會知道別人踢掉或是拿回什麼牌，因為所有的牌都是正面朝下。

6. 一旦每人拿回了○到三張新牌，就等於賭局重新開始。妳又可以選擇「從妳開始」，或是「再想想」。如果有人丟出第一張牌，妳可以選擇「觀察」、「增加賭注」，或是「退出賭局」。如果沒人再「增加賭注」和「退出賭局」時，賭局就進入尾聲。

7. 賭賽結束時，所有人都要「攤牌」，看對方手中到底握有什麼牌。

8. 牌最好的人就是贏家，所有的賭金都是他的了。

　　妳可以依照這八個重點開始玩牌，「梭哈之夜」是凝重、漫長、鬥智、揣測的心理戰爭。

高深莫測的玩家

　　能讓妳一直留在賭局裡的唯一方法，就是不能輸。只要輸了牌妳就得退出賭局。如果妳手上的牌都很糟，或者妳覺得手氣太差，碰到這種情形時，妳就該認真思考是否要退出。除非妳有無人能敵的好運氣，否則想在一手爛牌的不利情況下力挽狂瀾，只能靠奇蹟出現。

　　不過，如果妳覺得妳的手氣還不錯，妳當然要留下來繼續玩。玩牌時的策略，不是妳在想些什麼，或者是妳打算做什麼，而是妳要能沉得住氣「故弄玄虛」，讓其他人摸不清妳的底細，而不是「率性而為」，讓對手看穿妳。

　　「故弄玄虛」就是假裝妳手上握有不錯的牌，而非妳有什麼牌全都寫

在臉上，絲毫沒有掩飾，這是玩梭哈最基本的策略。

「率性而為」是弱點，而且是很糟的個性，妳不會想成為一個率性的人。率性是言語行為的慣性反應，妳會不自覺地有些習慣動作，讓對手知道妳手上握有什麼牌。沒人會想要讓其他的人知道他的真正底細。人在說謊時，會不經意地洩露一些線索。

參賽者在他手中握有好牌時，他或許會摸摸額頭。而另外一個人在手中的牌實在不怎麼樣的時候，或許會磨牙與喃喃自語。但是不論是什麼，妳都要試圖看出其他人的本性，同時妳要掩飾妳的故弄玄虛。學會這種技巧，會讓妳的工作與約會都更順利與得意。

不要害怕輸，專心地思考如何贏牌。瞭解自己的底限在那裡，應該何時出場，而且永遠不要讓自己失控。「冷靜思考，過猶不及。」這句座右銘，是送給所有的賭徒，而且再也沒有比這句話更精準的座右銘。

用自己的方式玩梭哈，妳會一直玩得很開心。但是請記住，很少人會因玩牌而致富，有更多的人因好賭而失去了他們的一切。

PART 3

解決妳的
科技恐懼症

「對討厭鬼好一點，有可能你最終得幫其中一個賣命。」
——比爾・蓋茲（Bill Gates）

愛上你的電腦

知己知彼百戰百勝

這一章是要揭開電腦的神秘面紗，試著幫妳跟這科技怪獸建立邦交。

電腦是無害的，它沒有生命。它不會咬人，別讓它嚇倒妳了。科技是不斷進步的，要能跟得上潮流，妳需要擁有最新型的、最炫的3C逸品。如果厚得離譜的電腦書和科技類叢書讓妳害怕，別擔心！妳並不孤單。

就算書架上有許多電腦DIY的書籍，但還是有許多人因各式各樣的科技恐懼症而受罪。不過這些來自VRML（Virtual Reality Modelling Language用以描述虛擬實境的序列語言）、HTML（Hyper text mark-up Language超文字標記語言）、www（world wide web全球資訊網）的病症，還是可以治好的。

電腦、電子郵件、網際網路、下載和iPods，都在我們的生活中有著極大的份量，而且會越來越重要。妳必須對電腦基本常識駕輕就熟；無論是辦公室，還是在家裡。即使比爾‧蓋茲說：「使用電腦：妳只要靠直覺就夠了。」

電腦簡史

1500年	李奧納多‧達文西發明了機械式計算機。
1714年	第一部英語打字機獲得專利。
1829年	第一部美國打字機取得專利權。
1837年	發明摩斯密碼。
1847年	艾蜜莉‧白朗黛的《咆哮山莊》發行。
1865年	路易斯‧卡洛的《愛麗絲夢遊仙境》出版。
1867年	第一台商用打字機問市。
1872年	固定字母排列的鍵盤發表。
1943年	發明全世界第一部電子化電腦ENIAC。
1944－52年	第一部真空管運算電腦EDVAC研發成功。
1947年	克莉絲汀‧迪奧發表新風貌（New Look），不過這跟電腦主題沒關係，只是要確定妳現在還醒著……
1948－51年	第一部商業用電腦UNIVAC商品新上市。
1951年	沙林傑《麥田捕手》出版。
1953年	第一份冷凍食品套餐上市供應中。
1957年	IBM發表第一部個人電腦610。
1968年	史坦利‧庫伯力克的電影《2001太空漫遊》首映，由超級人工智慧電腦哈兒領銜主演。
1975年	比爾‧蓋茲和保羅‧艾倫成立微軟。
1976年	蘋果一號和二號微電腦問市。
1981年	IBM發明第一部個人電腦（PC, PersonalComputer）。
1998年	蘋果電腦推出iMac
2003年	蘋果電腦推出iPod
2004年	蘋果電腦推出iPod Photo
2005年	還有更多瞬息萬變的科技新知，你只能試著多學著點……

再講仔細一點……

第一部現代鍵盤是克里斯多夫・拉森・雪爾斯（Christopher Latham Sholes）在一八七二年發明的。這也是在他想出第一台商用打字機的點子之後，雪爾斯鍵盤（即QWERTY鍵盤的佈局方式。請參考你鍵盤上字母排列順序）就是今日我們所使用的鍵盤。shift鍵要到一八七八年後才在上面出現。

現代電腦是第二次世界大戰期間出現的。由一個德國工程師康納德・祖斯（Konrad Zuse）在一九四一年發明，命名為Z3。一九四三年，同盟國曾試圖開發一台龐然大物來幫忙解開敵軍的密碼。

第一部個人電腦是一九八一年由IBM製造的（IBM原先代表International Business Machines），它隨即成為世界電腦公司中的巨無霸，一開始IBM還能獨領風騷。但當其他競爭者紛紛降低硬體售價，IBM就因為跟不上變化和因應更新不及，而敗下陣來。

個人電腦的基本配置有英特爾處理器，還有以DOS起家的作業系統。一九七五年，20歲的比爾・蓋茲和保羅・艾倫攜手創立了微軟，他們把IBM的菁英和概念都帶走，迅速成長為一股無法阻擋的新勢力。

微軟很快地帶來了改良更新的MS-DOS。當DOS只能在某種型號的電腦作業時，MS-DOS卻能在所有電腦中運作，所以效能最佳的產品逐漸地嶄露頭角。

MS-DOS後來被視窗（Window）所取代，這個算是抄襲自麥金塔的套裝軟體，更順應時代，也更能滿足使用者的需求。結果蘋果和微軟就開始打官司，這劇碼像極了《朱門恩怨》，只是故事發生在矽谷。儘管如此，比爾・蓋茲仍然是富豪排行榜上的榜首。

一九八一年個人電腦問市，人們開始坐在書桌前辦公，電腦系統突然間變得更有效率，成為資訊新生活不可或缺的產物。在個人電腦問市

之前，大家都認為電腦是笨重的終端機，現在人們可以自己安排工作、連上網路，與大家分享交換所有資訊。

之前所有的系統必須從一個分享的主機中流出。現在的系統都有自己的大腦，就好像把許多大腦放在一起，可得集思廣益之效。人們開始可以在內部網路中，用原始的郵件系統相互聯絡交流。從那時候到現在，當然是越來越進步，進入了電腦爆炸時代。

一九八一年是成就斐然的一年，第一台個人電腦發明了，在美國，亞當‧奧斯朋（Adam Osborne）發明了第一台筆記型電腦，並以之命名。當時售價一台是1795美金，不過內含的應用程式系統，價值達1500美金。

你不可不知道的⋯

比爾‧蓋茲

比爾‧蓋茲（Bill Gates）出生於一九五五年十月二十八日，他解決當時作業系統的不足之處，以自己的微軟視窗作業系統來改善它。他就好像是電腦界的亨利‧福特（Henry Ford，發明汽車的人）。比爾‧蓋茲本身就是應用軟體的代名詞。

史帝夫‧賈伯斯

史帝夫‧賈伯斯（Steve Jobs）是比爾‧蓋茲最大的競爭者，創立蘋果電腦和麥金塔系統。一九七六年的愚人節時，他們推出蘋果一號機原型，以及二號機，他和史帝夫‧沃茲麥克（SteveWozmak）還發明了硬碟系統，這家公司之後又陸續發明了iMac、iBook，還有令人驚豔叫好的iPod。

亞倫‧修格

艾斯明塔（Amstrad）的亞倫‧修格（Alan Sugar）致力於開發有線電視機上盒，彷彿代表英國，試著與美國矽谷一較高下。他目前有不動產公司、軟體公司，而且還是英國職業足球隊熱刺（Tottenham Hotspur FC）的大股東，這也是亞倫爵士最為人所垢病之處。他還擔任唐納‧川普（Donald Trump）「誰是接班人」英國版的節目主持人。

SONY Vaio

新力將Vaio這台筆記型電腦定位為性感商品。但是在購買之前得先確定一下，這和你所接觸的電腦軟體是否相容，譬如SONY Vaio和蘋果電腦的作業系統Mac就不相容啦！

iMac

一九九八年上市，這是造型非常宜人可愛的硬體。iMac像是傢俱業的宜家（IKEA）家具，創新前衛的設計感，輔以價廉跟簡單易懂的功能，贏得許多人的喜愛。

戴爾電腦

戴爾電腦（Dell）是非常成功的電腦硬體，但奇怪的是，在任何一家商店都買不到戴爾，他們只做郵購或是網路購物，因此，他們的價格相當實惠。他們只針對那些本身就是電腦專家的人，或是大企業的用戶提供服務。

買一台合適的電腦

買電腦時要記得：你為什麼要買電腦？你要用它來做什麼？你要在哪裡用它？是滿足你的購物慾嗎？還是這真的需要？

電腦有兩種：桌上型電腦或是筆記型電腦。桌上型的是放在公司或

家裡等固定地點使用的，筆記型電腦則可以隨身攜帶。

電腦由許多零件組合而成，通常可區分為三個部份：

中央處理器

中央處理器（CPU, Central Processing Unit）是整部電腦系統的核心，用來執行指令。

記憶體

儲存最近電腦執行過的工作。

硬碟

用來儲存電腦裡所有的資料。

有許多原因會影響電腦的效能，不過主要的兩個，就是記憶體容量和CPU的速度。你的記憶體越大，電腦能執行的工作就越多。如果你的CPU夠快，執行處理這些工作也越快。

要買一台符合你需求的電腦，你可以考慮以下因素，比如：記憶體有多大？需要用到什麼軟體？台灣佔有率最大的是PC個人電腦，使用麥金塔的用戶還算是少數。

PC和APPLE的不同之處

外觀上，PC與APPLE其實很接近，不同之處在於軟體和系統。PC一般都是用微軟的Window，目前最新版本是WindowXP。蘋果電腦用的是自家的麥金塔作業系統，最新版本是OS X。PC可以做到的，像是文字編輯、上網、聽音樂、看DVD等等，APPLE也都可以做到，只是使用的軟體不同，比如：微軟的IE（Internet Explorer）瀏覽器，就等於APPLE的Safari。

筆記型電腦如果充飽電，即使沒有電源線，也可以繼續運作。但桌上型電腦就需要持續的電源供應，如果你想要買筆記型電腦，要先想清楚是否有隨身攜帶電腦的需要，電腦就算再輕薄，還是有一定的重量。

筆記型電腦通常比桌上型電腦要貴，蘋果電腦的使用者，也明顯比個人電腦少很多。儘管廣告不停地對你催眠，而它們的外型也的確新穎且富設計感，想想維修費用和系統相容等問題，下手購買之前請三思，畢竟最便宜的電腦也要花個幾萬元。

想做什麼就做什麼

列印

買印表機前要先確定機型和你的電腦和作業系統的版本是否相容。抱回家後確定插頭有插上，驅動程式也灌好了，墨水匣也安裝妥當，紙張也放夠，這時你就可以列印了。切記不要一次列印太多文件，記憶體不一定能負荷這麼繁重的工作。

看圖

JPG格式的圖檔比較小，比較方便傳送和下載。而且可以直接在螢幕上看到，如果要再做別的用途，可以透過簡單的應用程式，如Photoshop來編輯或轉換成可以印刷的模式。

PDF

許多政府機關和企業已經逐漸採用PDF文件，以提升管理效率及降低對書面文件的依賴。這種檔案可保留各種文件的字型、影像、圖形與排版，你可以很容易地下載到Acrobat Reader這個軟體中，來打開它、閱讀它、列印它。但你無法修改它，除非你購買正版的Adobe Acrobat軟體。

小心病毒

病毒可以癱瘓電腦，破壞你的系統，然後盜用你通訊錄的資料，再把這夢魘散播出去。應該如何預防病毒呢？請立刻裝上防毒軟體。

一台沒有裝防毒軟體的電腦，好比一個房子沒有門，不速之客想進來就進來。市占率最高的防毒軟體是諾頓（Norton），諾頓總公司會每週寄出病毒更新碼，防毒系統會接收，並分辨最新型的病毒，有點像打疫苗一樣。

大部分的病毒都透過郵件傳送，比較大的郵件伺服器都有防毒功能，但有時還是防不勝防，如果收到來路不明的信件或執行檔，不要隨便打開。一旦有所懷疑，寧願砍掉，別忘記經常清理資源回收筒或是信件的垃圾桶。如果你常在下載檔案，也要注意。

因為PC市占率的關係，99%的病毒只能危害PC，對蘋果電腦是無害的。

網拍二三事

你可以不出門就可以在全世界到處血拼，你能以極便宜的價格買到夢幻逸品，不管是你想要的或你不想要的，通通都可以在拍賣網站上看得到，這就是拍賣網站最引人入勝之處。總之，拍賣網站真是讓人容易上癮的地方。

台灣知名的拍賣網站，當屬雅虎奇摩拍賣。不過隨著雅虎拍賣實施賣家收費制度後，也有大量的使用者轉戰其他毋須付費的拍賣網站，如樂天、台灣ebay，還有後起之秀PChome。

要買賣物品，首先你得先註冊，不同的拍賣網站有其認證制度，以提高信用度及成交筆數，並避免糾

紛發生。如果你要買一雙鞋，你會發現拍賣網上有成千上萬個選擇，這時你必須把搜尋範圍縮小，比如：選擇高跟鞋或是皮鞋，這樣一層一層地過濾篩選出你想要的資訊。

如果妳已經選定幾款心中屬意的商品，可以先看看賣家的評價，如果正面評價跟滿意的顧客很多，那太好了，你可以開始出價。如果有負評，建議妳再多看看吧，妳不需要為這種可能發生的糾紛而煩心。

從一雙鞋開始吧！妳可以稍微考量一下交貨期和郵資，看看貨品是否順利抵達。收到貨品後試穿剛好，還有什麼比這更愉快的呢？

你有Gmail或ichat嗎

搜尋引擎www.google.com提供的免費Gmail信箱服務，除了正常的收件夾、寄件夾、寄件備份之外，Gmail在你回覆郵件時，會展示所有跟此信相關的郵件，非常方便。這郵箱還會掃瞄你的信件，同時展示你收件夾內的相關網頁連結，當你最愛的巨星或是作者，有最新消息時，它也會傳送訊息，提醒你注意。

如果你有蘋果電腦，那你就有ichat，它不但有訊息即時通，還有音效和視訊的連結，所以和妳通話的對方就會被你看得清清楚楚。

網路禮儀

這邊指的是傳送電子郵件該有的禮儀。

寫信時要仔細評量你的信將如何被閱讀，你的語氣看起來如何，你的用字遣詞看起來怎樣。電子郵件一般都用很不正式、口語化的方式寫成，但這並不代表你可以忘記標點符號、忽略文法、錯字連篇。

想想你的語氣，還有要表達的重點，試著不要廢話連篇。反正你打太多字，手腕也會痠痛。別弄錯對方的姓名或職稱，語氣盡量和緩客氣

的同時，要清楚堅定地表達出你的目的或要求。別太常用驚嘆號，除非妳的頭銜大到任何人都要看妳的臉色，或是妳真的很討厭對方。驚嘆號會讓妳的語句看起來像在命令人，非常沒禮貌。

信件的主旨要切中要點，別用「問你一個問題」或是「注意」等語焉不詳的語句。這樣管理信件會更方便，來往聯繫的時間也會越省時。

倘若妳的郵件同時寄送給許多人，思考一下要不要用「密件副本」寄出，免得公開的郵件位址被有心人士蒐集，使妳和妳的朋友收到更多的垃圾郵件。

最後，在按下「傳送接受」鍵之前，再看一次你的信，確定沒有任何不妥之處。

千萬不要惡意地寄出病毒信，也絕對不要加入連鎖信的傳播，你不會因此贏得百萬獎金，只會因此打開病毒版潘朵拉的盒子。

建立自己的部落格

「部落格」的原文是BLOG，也有人稱它為「網誌」。現在不知道什麼是部落格的人已經很少了，也許妳自己就擁有一個部落格。

「部落格」可以讓使用者在網頁上輕鬆地發表意見，並提供讀者回應的網路平台。技術性低，使用者不必懂得如何做網頁，就可以擁有自己的個人站台，輕鬆地貼文、上傳圖片，連版型都可以自己選。

廢話不多說，倘若妳還沒有部落格，可以到「雅虎奇摩」、「無名小站」、「蕃薯藤樂多日誌」去瞧瞧，相信妳一定找得到。什麼？妳說我沒有給網址？如果妳不會使用搜尋引擎，要開部落格之前要先三思喔！

玩電腦的坐姿

不要彎腰駝背地坐在電腦前面一整天，最後你會看起來像鐘樓怪人一樣，或是有要命的頸肩酸痛問題。

請確定你的螢幕是跟眼睛的高度同水平，而且鍵盤也應該和手腕差不多高度，手肘應該要自然落在鍵盤上，背要挺直，腳必須可以碰到地板。有預算的話，可以考慮添購一張符合人體工學的好椅子。

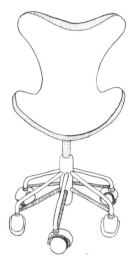

從健康來考量的話，桌上型電腦比筆記型電腦更佳，因為你使用的時候比較不需要彎腰。盯著電腦螢幕，最好隔一段時間，就起來伸展一下身體，或休息一下。，也可以眺望遠處，讓眼睛休息一下。無論用怎樣的電腦，都不要連續使用太久。

適時作運動

都在用電腦工作的妳，完全可以避免上述的肩頸酸痛，只要妳好好做以下伸展運動：

聳肩

幫助紓解肩頸痠痛，在椅子上坐直，雙肩向後推，把肩胛骨拉近，深吸氣再把肩膀順時鐘向前或後重複，整個運動是逆時鐘轉的。

轉頭

將頭斜向一邊，左到右，耳朵到肩膀，你也可以轉頭斜向右後方，放鬆正是緊張的脖子。

別忘手指的小運動，把手指伸展到極限，想像自己正在彈奏鋼琴的音階，雖然是在半空中，不過透過指尖讓手指好好的放鬆。

按摩

如果在辦公室有同事對推拿很有一套，你可以請他幫忙按摩一下肩膀。

跟電腦相關的爛電影

《科技怪談》（*Weird Science*），自網路下載完美的女人。

《電子情書》（*You've got Mail*），梅格·萊恩和湯姆·漢克的老調重彈。

《網路上身》（*The Net*），珊卓·布拉克穿比基尼，把筆記型電腦放在腿上使用，她的腿應該快焦了。

跟電腦相關的好電影

《2001：太空漫遊》（*2001: A Space Odssey*），哈兒反映了我們對未來人工智慧電腦的期待。

《駭客任務》（*The Matrix*）好好思索一下，Martix是指未來的網路世界。

《AI人工智慧》（*AI*），能付出真愛的電腦是不能被人所接受的嗎？

悠遊於3C生活

「千萬不要讓人類去做機器該做的事。」

——電腦幹員史密斯（駭客任務）

在網上聽音樂

音樂錄音產業，由最早的聽黑膠唱片，進化到錄音帶，現在則是CD。托DJ的福，黑膠唱片在現在還是很酷。不過，如果你到現在還不知道該怎麼從網路下載歌曲，那就真的落伍囉！

知名的廣播電台都有線上收聽機制，妳只要連到這些網站，就可以同步收聽廣播。不過你只能線上收聽，如果要儲存得透過其他的軟體或硬體才能辦到。

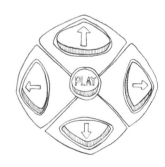

世界排名第一的蘋果電腦的iTune網站，妳可以在網路上免費下載到軟體，上面有許多下載目錄，可以和你的iPod同步傳輸更新。

經過唱片公司的授權，妳可以付費線上收聽，如KKBOX，妳可以付一些費用，在一定的效期內盡情地享受各種音樂，怎麼樣都比唱片行便宜。

什麼是MP3

為了取得比較像樣的音質，CD取樣頻率為每秒44100赫茲。MP3是在轉換時，將人的耳朵聽不到的訊息過濾後，再壓縮檔案製成。CD一首五分鐘的歌曲可能有50MB，但把一整張專輯壓成MP3，全部也只要65MB。MP3算是音樂檔案的超級壓縮機，mp3在音質上比不上CD，但檔案卻可以非常小。

現在已經沒什麼人在用CD Player了， MP3隨身聽是目前的主流，

一台512MB甚至是2G、30G以上的容量的隨身聽，體積卻只有一個打火機的大小，最大也不超過一本電話簿。擁有一台MP3隨身聽或iPod，妳可以隨時隨地創造個人的音樂空間。

iPod

iPod就是蘋果電腦生產的MP3隨身聽，它的體積像一疊卡片般不佔位置，設計也相當吸引人。因為容量超大，傳輸速率快速，還有先進的觸碰式面板，而且跟MAC和PC都相容。iPod帶著迷你外型和完整的功能席捲市場，引領風騷。而且它的外型真的很炫。妳可以透過iTune將妳CD櫃的所有CD都轉到iPod裡，然後編輯自己的精選集。

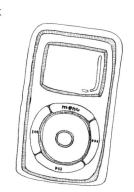

iPod的系統產品還有容量較小的iPod Mini、低價的iPod Shuffle，後來還有iPod Nano，光是iPod本身也持續不停進化、增加功能，甚至可以看照片和視訊。

充分利用手機

自從行動電話發明之後，人們已經沒有理由不打電話和人聯絡，或是完全斷線無法和外界聯繫，如果他說要打電話給你，他最好是遵守承諾。

手機是目前你和世界連接不可或缺的重要工具，所以你一定要知道如何使用，還要發揮最大功效才好。

早上梳妝打扮完畢，你要知道為什麼要帶手機出門，它可以編輯、照相、上網瀏覽、儲存姓名、地址、生日、記事、當計算機，還可以發出聲響設定鬧鐘、然後讓人心甘情願把腕表都摘下來，行動電話有多種款式，尺寸和顏色，而且任你使用，功能多樣。

手機簡史

手機在一九九〇年時還是稀有品，現在則是人手一支，沒手機妳可能會不知道怎麼過日子了。手機有點像是收音機，自發射台收到訊號，然後也透過發射台發出訊號，所以這就是為什麼有些地方的收訊較好，而在地下室時又會收不到訊號。

一九四六年六月十七日，密蘇里州的聖路易市AT&T貝爾實驗室，推出第一台美國商用收音機電話，經過許多傳送和傳達者聽筒的實驗和修正，馬丁・庫柏（Dr. Martin Cooper）博士在一九七三年透過行動電話的原型系統，打了第一通電話，這位前摩托羅拉（Motorola）的總經理，被認為是第一個可攜帶式電話的發明者。

一九七七年時，行動電話變得更加普及，也開始測試推廣移動電話。首次測試是在芝加哥，在有了二千個客戶後，再往華盛頓特區和巴爾的摩推廣。日本是一九七九年才開始推廣測試的。

一九八八年是手機演進史的關鍵年，這年開始有了無線通訊設備協會（CTIA，Cellular Technology Industry Association）的大力協助和促成。雖然如此，但還是花了37年，才讓手機可以順利進入美國市場。

手機現在開發和演變都依流行趨勢在走，從蘭妮・葛里菲斯（Melanie Griffith）在電影《上班女郎》（WorkingGirl）帶的黑金鋼，到現在不斷推陳出新的超薄迷你版，體積幾乎是與時俱進，越來越小。現在手機不但有通話、傳簡訊、收聽語音信箱等基本功能，還附加了許多額外的功能，像是播放音樂、數位相機、傳遞多媒體檔案和圖片等等。

數位相機

現在是數位相機的時代了。隨著使用者大量成長，沖洗店已經很少再幫人沖洗底片了，妳只要把相機的記憶卡帶去，他們就可以下載所有影像，幫你將照片沖洗出來。

相機簡史

法國人約瑟夫·尼斯波·尼貝（Joseph Nicephore Niepce）在一八四一年發明了相機，但是別忘了亞里斯多德、培根、達文西的貢獻。一八八四年時，喬治·伊士曼（George Eastman）發明了底片，又於一八八八年申請了柯達捲式底片照相機的專利權。

每個人都想被拍，或是拍別人，不論是為了工作，還是為了好玩而已，因此這比賽不只在誰能幫助我們拍出好照片，還有相機是否容易操作。

不管是靜態的照片，還是動態的視訊，都可以用DV帶，或是記憶卡來留住影像，將剎那間的感動化為可儲存的永恆。

拍張夠水準的相片
艾利克斯·盧堡密斯基（Alex Lubomirski），時尚攝影師

儘量少用閃光燈，評估一下情況。如果光線已經夠了，閃光燈就不要用。

在按快門前，把眼睛自鏡頭移開，盯著你要拍攝的人物，讓妳和被拍者有直接交流的機會，這樣拍出來的照片會更自然。

多嘗試，讓拍攝的氣氛輕鬆自在。就算你很緊張，也要讓被拍的人覺得沒啥好怕的。開點無傷大雅的玩笑，稍微地裝可愛，會讓大家心情更好，也會更放鬆。

拍人像照的時候，每個姿勢多拍幾張，如果沒多拍幾張，起碼要有一張是拍好的。

如果是用拍立得或數位相機拍照，你會馬上看到結果。如果第一張拍得好，你可以告訴被拍者說有張拍的不錯，他們一定會很高興，認為自己很有天賦。這不只會提升你的技術，還可以讓緊張的模特兒習慣入鏡，有助於找出最適合的被拍攝的角度。

隨身攜帶你的相機，如果你只有在聖誕節，或是在想到要拍窗外景色時，才拿相機出來，妳一定會錯過許多令人感動的鏡頭。永遠把相機放在手邊，準備捕捉某一刻。

要如何發現某人最上相的角度？最好的辦法是找個人面對你，請他把身體轉向任何一方十度，讓身體是有點傾斜的，頭也要稍微抬起。有人說，頭抬起來會看起來比較高，但事實上，你的雙下巴只會更明顯。鏡頭對準頭到肩膀，或者再低一點，告訴被拍者將有多少地方會拍進去。

拍手和腳時要小心，特別是拍女人，根據正常比例，比較靠近相機的的部位，都會被鏡頭放大。

別忘了多多自拍，常照相的那個人，最後都沒在相片裡出現。試著調好鏡頭，然後把相機拿好，手臂向後伸，快門一按，你也入鏡了。這不但是拍攝人相最好的距離，而且你也會處於四分之三斜角，這也是最上相的位置。

以上忠告，希望你多多實驗，好好去玩，你想要拍的是難得的瞬間，而不是難看皺眉的面孔。

怎麼更上相
吉賽兒（Gisele），超級名模

　　無論是為了好玩，還是工作，拍照最重要的還是燈光，如果燈光不好，你就毀了。妳得知道光源在哪裡，你不會希望燈光是照在你的上方，或在你的下面，應該要直接對著你照過來。

　　還有個重點，陰影不可以出現，要外拍的話早上去拍，或等到下午兩點。別讓雜誌上的完美照片成為你的壓力，拜託！那些都是厲害的攝影師拍的，臉上的粉刺與瑕疵，也都被電腦軟體修過啦。

　　把妳的頭抬起來，學習找出最適合自己的角度。

　　你可以在快照亭子裡練習，找出最上相的角度。

　　把脖子打直，目光和鏡頭接觸，笑一個，沒人會是難看的。

　　要拍攝長腳的話，一隻腳放在鏡頭看到的中央，請攝影師由低處向上來拍攝整體。

　　如果只拍腳，那就躺下來，在最優的角度把腳伸展開來，這樣會使小腿看來細長，足踝纖細。記得維持肩膀向後、抬頭、挺胸。

　　永遠保持雙唇微啟，就像可以含一枚硬幣一樣，這樣噘著，嘴唇會看起來比較豐潤。

　　眼睛微微斜向上看，好像快門是照著你睜大著的雙眼。拍醜了的失敗照片，要趕緊毀屍滅跡。

使用數位錄影機

即使妳在家裡，還是可以當明星。

對準你想拍攝的對象，按下啟動鈕，錄影機應該有內建麥克風，所以老王賣瓜，自賣自誇式的旁白是很常見的。

隨時帶著DV，不過不要高高對著你的目標物，或是強行闖入拍攝，這會讓人反感。你必須確定有足夠的光線，拍攝主題最好是趣味的，最好是主角在你身邊繞著蹦跳，或是跳舞等等，試著讓他們對鏡頭說兩句話，不過不要太矯揉造作，請記得偉大的製片總是要從某處開始的。

當播放家庭影片時還是得收斂一點，在你還想繼續放剩下的七小時之前，瞧一下你的觀眾在看了3小時你的渡假短片後，是否還能保持清醒。

影片經過好的編輯可以變成曠世巨作，妳也可以利用電腦來進行。

PART 4

在家也要過得很舒適

每天敲三次鞋跟，然後說：
「沒有一個地方可以像自己的家一樣好。」
——茱莉‧嘉蘭，爵士名伶

處理家居瑣事

換燈泡或燈管

燈泡若是有問題，不但不會亮，通常還會有「啪！」的一聲，這時候妳該上場換燈泡了。

先把開關關掉，把舊的燈泡拿下來。有的燈外面有燈罩，妳得先把它拿下來，才能開始換燈泡。妳可以先用面紙或抹布碰一下燈泡，確定它不會太燙，再輕輕地抓住燈泡的玻璃部分，慢慢地把它旋下來。

拿下燈泡以後，如果妳不確定它規格到底是什麼，直接帶著它去電器行或燈具行，指名要一個一模一樣的。買到新的燈泡，照妳拆下來的順序，依樣畫葫蘆地裝回去，並按下開關，「要有光」。

換燈管跟燈泡差不多，只是卡榫有兩邊，妳得一起對齊才好裝。別忘了還有點燈器這玩意，有時候燈管不亮只是因為點燈器壞了。要怎麼判定是燈管壞了還是點燈器壞了？很簡單，燈管在壞掉整個不亮之前，通常會閃，或者，燈管兩端變黑的話，可以確定是燈管要換了。

買燈具的時候，要先注意燈泡，尤其是那種華麗的水晶燈，看起來是很讚，但是妳得考慮一下以後要怎麼清理它，妳可能需要加倍的耐心，和蜘蛛人一樣的技術才有辦法換燈泡。

每個人都應該知道如何換燈泡，水電工會把來電說要換燈泡的人都當作怪人。如果妳真的不會換燈泡，妳還有另一個照明選擇：蠟燭，但是請小心火燭。

停電時該怎麼辦？

停電時，妳得先搞清楚，不是妳家的燈壞了？或是沒繳電費？如果是晚上，妳可以出去看一下鄰居，以確定是全區停電，而不是妳家電箱燒壞。

假如是白天停電，你可以先忽略它。沒錯，沒電你不能泡咖啡、不能看電視、不能上網，但妳可以趁這個可愛的寧靜時光，來讀本好書。

如果是晚上停電，妳得先找出手電筒，再思考妳接下來要怎麼辦。記住，保持鎮靜，如果時間已晚，妳乾脆去睡覺，有什麼事，明天早上再說，如果妳還有事情要做，那麼只好出門去外面的咖啡店，或是到友人家借宿一晚。

處理阻塞的水管

如果妳的水管塞住了，除了通樂，妳可以試試把一個鐵絲衣架拗直，在尾端的地方稍微彎一下，就像一個不太彎的鉤子。把這個鉤子放進塞住的水管裡，轉一下，妳會感覺水管深處的鉤子在幫妳疏通水管曲折處的堵塞物。

如果通樂和衣架鉤子都沒有用，最後再找水電行的人幫妳吧，記得打電話去的時候，要說妳很急，你現在就需要他們。

不受歡迎的動物

如果妳發現家裡有老鼠，在你尖叫並跳上離你最近的椅子前，請記住三件事：

1. 牠們可能比你更害怕。

2. 牠們不會比一塊香皂大多少。

3. 小老鼠不會往上爬，但大老鼠會。

碰到的當時鎮靜與否並不是很重要，重點是之後妳該怎麼處理。

老鼠很髒，身上有無數的細菌，這問題必須越早解決越好。據衛生署統計資料，一對老鼠一年可以繁殖出285隻小老鼠，妳絕對不能放過

牠們，讓牠們在你家為所欲為。你有養貓嗎？如果有，這是該讓牠大顯身手的時刻了。

　　如果妳沒養貓，你可以在超市、量販中心發現，讓自己擺脫老鼠的方法就是老鼠藥。你可以買不同的捕鼠器、黏鼠板，抓到牠們之後，請忍住噁心，把整個黏鼠板打包扔進垃圾車去。

　　抓到老鼠之後，請試著以老鼠的角度打量一下妳的家，將食物用貯藏盒收起來，將櫥櫃或隔板的洞都封起來，把家裡四周角落打掃乾淨。如果妳不擅長打掃，妳可以請專業的清潔公司來做。

不受歡迎的昆蟲

　　有些人無法忍耐台灣的夏天，除了酷熱，還有蟑螂。

　　要遏止蟑螂染指妳的家，除了維持居家整潔，定時更換威滅等克蟑用品，別無他法。

　　妳可以考慮定時請清潔公司打掃妳家，他們有一些相當有效的除蟑措施。

用燈光營造你的家

　　自愛迪生發明電燈以後，人類的世界到了晚上一樣大放光明，不過電燈除了照明的功能性以外，也是家居裝潢的要角，不同的燈光設計會為妳帶來不同的氣氛和感覺，讓妳更容易切換一天的生活氣氛，因此有人說：「燈光是家居的魔術師」。

　　一般來說，每個人的家居或房間，天花板一定都會有一盞主燈，日光燈也好，美術燈也罷，這個空間的照明主要靠頭頂上的這盞燈負責。這種「普照式光源」，亮度比例最小，能將空間的亮度提昇至一定的亮度，而且不會造成陰影。妳可以採用不同材質或造型的燈具，為妳的家營造特殊的風情。

　　除了主燈，根據特定活動，還必須加裝輔助燈，如閱讀、工作、烹調、用餐時，都需要集中式的燈光，這種燈光通常有燈罩，以決定光束的大小及方向。選購這種燈的時候，需要注意的是亮度以及對眼睛的舒適度。

　　彈性地運用亮度不同的燈具，可以在空間中創造出不同的、舒適的照明層次，讓空間整個活起來，家居氣氛也可以變溫馨，工作一天緊繃心情可以放輕鬆，對眼睛的疲勞度也有抒解、減輕之用。

變身DIY女郎

「我們應該向蝸牛學習：它為自己設計了精緻且兼具功能性的
家。」

法蘭克‧洛伊‧萊特（Frank Lloyd Wright），建築師

當妳買了一個新家，不管有多怕走入DIY用具賣場，妳遲早都要拜
訪它。

要提升住家環境，萬全的準備是很重要的，就像規劃衣櫥一樣。當
妳在刷油漆、搭建或裝飾一些設備時，妳的標準配備應該是T恤、一條牛
仔褲以及工作鞋。鞋子應該是平底、舒適且適合工作的。

別忘了好好照顧妳的頭髮。如果是長頭髮，請把它紮起來，綁個頭
巾或大手帕在頭上，尤其是漆天花板或難處理的牆角時，妳的寶貝頭髮
可能一不小心，就沾到未乾的油漆。

刷新妳家

首先從色卡裡選出適合的顏色，在決定讓妳家玄關變成豌豆綠的顏
色前，先買罐小樣品免得妳後悔莫及。一旦下定決心，可就要買下足夠
的量讓這顏色填滿妳的牆面，2.5公升油漆大約可以刷滿30平方公尺的面
積，至少要刷兩層。請記得用油漆而不是亮光漆來漆牆壁，除非牆壁是
木造的，或是待漆浴室時才使用亮光漆。

上底漆就像穿內衣

底漆就像是身上穿的內衣一樣，必須要選對。如果妳把紫色的胸罩
穿在奶油色的T恤裡面，那真是場災難，同樣規則也適用於底漆的選擇
上。為了要徹底去除上一任屋主所留下來的蠢東西（假設啦），妳就必須

要用白色的底漆，然後視留下來的顏色有多深多糟糕，來決定妳要漆幾層底漆，通常兩層是相當足夠了。如果牆壁的狀況真的很糟，凹凸不平又坑坑疤疤，那就要先貼上一層襯底紙，就像貼壁紙一樣，然後再漆油漆。表面的平整對漆牆來說是很重要的。

粉刷小技巧

主要的牆壁和天花板需要先徹底打掃乾淨，然後依妳的喜好準備好油漆刷、混漆盤或滾筒。大面積的部分可以讓妳練習一下，油性漆可以和點水比較容易上色，也可以讓油漆較易推開，不過只能在大面積的地方這樣做。記得要在地上鋪報紙或舊毯子，以免飛濺出來的油漆沾到地板。妳一定要很小心，即使是那些號稱不會滴落的油漆，它還是會滴下來！

切記！妳不要選太黏的膠帶來當遮蔽用膠帶，因為它可能會使油漆剝落。妳必須非常小心，手要穩，先完成上光的部分。選用一支好的刷子可以讓妳的手更穩。刷牆壁時記得上第二層底漆來替上光的部分潤色。

如果妳正在漆天花板和牆壁，木頭門窗的部分更要留意。妳也許會覺得白色木門窗看起來也不錯，不過，當妳真的漆上後，請妳靠近一點看——很抱歉，它看起來會像是被陽光曬到褪色！

打開油漆罐之前，記得先把木門窗做一些處理，先磨光後把灰塵清理乾淨，如果連蜘蛛網一起漆下去，就會漆得凹凸不平了。磨光能使漆「抓」得更牢，而且可以漆得更平滑。同樣的這些步驟也可以運用在漆一般的牆上。

漆窗戶時，重點在不要把漆沾上玻璃，要避免這個情形，就是要運用遮蔽膠帶貼住框外圍，這樣不僅可以引導妳漆的方向，也可以防止不小心的疏忽。但請注意，不要讓膠帶留在窗框上太久，否則大太陽天

裡，膠帶會被烤得黏在窗上難以清除，增加妳的工作。就像擦指甲油一樣，妳要小心翼翼地用指尖去試看看油漆乾了沒，等漆乾硬了再拔下膠帶。通常亮光漆要一整個晚上的時間才會乾透。

成功漆好踢腳板的關鍵，同樣也是遮蔽膠帶的使用。妳還可能會需要護膝，尤其是妳要趴在木地板，或更糟的大理石地板上。首先決定出要在門窗上漆油漆或是亮光漆，然後用砂紙先把門窗的表面磨平，接著把膠帶剪成條狀，貼在最靠近踢腳板及地板的邊緣上。這樣就可以顧到每個角落，也不用擔心滴下的漆會落出報紙邊緣。

學習使用水平儀

和妳喝下多少酒無關，水平儀的功能就是讓物品呈現直線的狀態。這是DIY世界裡最有用的重要工具之一，但許多人低估了它的功用。就像沒有人生來就擁有一張完全對稱的臉，除非去做整型手術。要使一個物品呈完全的直線也必須藉助一些小小的幫助。當妳看著一個水平儀，裡面通常有兩個小泡泡或一個大泡泡，它有許多方法來顯示出水平或垂直。這些泡泡是被液體隔離在一個透明的容器裡，並懸浮在一條尺規中。

把鉻（鋁）尺放在牆上，並調整它的角度，直到其中的泡泡置於中央。當泡泡置中時，表示尺呈完全的水平直線。用鉛筆做個記號，然後就可以釘上釘子囉。

自己掛畫

如果要把照片掛在牆上，當然少不了加框。直接貼上牆可就太外行了。也不要把牆壁弄得像雜物堆一樣，簡單、清爽將是最好的選擇。

照片和鏡子一樣，妳必須掛正。掛鏡子的話，妳一定要使用手邊找得到的最堅固釘子，以防出現可能的「七年之災」。如果牆太硬，妳就得

先在牆上鑽個洞，然後放進膨脹螺絲，再上釘子。

　　動手前先將照片倚在牆壁上，或是請別人代拿，讓妳可以站在一個藝術家的角度來更準確地調整位置。當妳對這個位置滿意了，請妳拿一枝細鉛筆，從角落或是頂端做一個記號，然後檢查一下背面，是否有線可以掛？或是它需要多花點心思去裝兩個掛勾？這會影響妳要釘一根釘子或是得用水平儀來釘兩根釘子？掛照片是房間擺設中最迅速的一部分，也比裝架子要來得有趣。如果妳需要架子的話，最好是直接買已經組好的全套配件，這會比妳用水平儀慢慢自己做要簡單許多。

組裝家具就像料理速食包

　　其實組裝家具，就像烹調料理速食包一樣，它們提供了所有的材料，妳只要簡單地把這些東西混在一起就行了。在開始組裝前，妳要先清點套裝組件裡的零件是否和說明書上所列的相符，就像如果手上只有20片拼圖，就無法完成一個25片的拼圖圖案，組裝家具也是如此。

　　如果妳還在猶疑的話，建議妳還是買一些古董或組裝好的家具，然後直接送進家門比較快。

和壁紙決鬥

「我和我的壁紙正在進行一場決鬥，誓要分出生死為止。」
——王爾德（Oscar Wilde）

　　張貼壁紙的前置作業和上漆一樣，妳得先把牆壁洗得乾乾淨淨、平平滑滑，沒有任何的坑洞。如果牆上本來就貼有壁紙，記得先將這些不要的壁紙充分濕潤，能夠更輕易的把壁紙撕下來，然後記得把剩下的部分磨平。有時候為了要確保表面的平滑，妳也必須使用襯底紙，和上底

漆一樣，是個磨練張貼技術的好機會。

　　先選擇四面牆中的任一面，拿著妳的水平儀，用鉛筆畫一條垂直線。有些人可能會喜歡從角落開始張貼，不過水平儀沒辦法放在那裡，所以妳可以拿這條線來當基準，然後測出妳需要多長的紙。接著把紙放在桌上塗黏膠，要確定它可以緊貼住角落，不然壁紙會很容易就被撕下來。

　　爬上梯子後，妳要有把壁紙從頭到腳貼好的準備，先把第一張順平，牢牢的貼在牆上，再走下一層，再貼第二張。後一張要排在第一張之後，如果有窗框的話還可以利用它來幫助妳貼直，讓下一張壁紙可以恰好觸到上一張，但不要重疊。

　　如果壁紙上有圖案的話，請注意讓它能夠和上一張相稱或是相接。最重要的是，不要急。記得把足夠的時間空出來，因為妳一旦開始了就不能停下來，妳總不能留下只貼了半邊壁紙的牆吧！

動手砌磁磚

　　妳只要把水泥漿塗在瓷磚的背面，妳就可以從牆腳開始往上貼了。最底層的瓷磚要有支撐的地方，像是支架或是浴缸的邊，因為它需要東西來承受它的重量。如果沒有可支撐的，那請加個木框來讓它落腳。貼瓷磚時，妳需要用塑膠墊片來幫助妳把瓷磚間隔出一致的縫隙。當然妳可以靠妳的雙眼來完成這個動作，但是用塑膠墊片還可以讓它們都保持在一條直線上。貼好後用整晚的時間讓它自然乾燥，一定要在水濺上它之前，確保它已經完全乾固了。

　　陶製磁磚是最難以切割的，不過一般浴室用的磁磚就沒那麼難對

付。妳可以買專用的切割器來做這件事，那就會像用熱刀子切奶油一樣輕鬆。不過妳可能還是會常常切出奇怪的形狀，然後需要再敲敲打打的修整一下。

美化妳的家

「如果波提切利（Botticelli，義大利畫家）活在現在，他應該正在為Vogue雜誌工作吧。」

尤斯提諾夫（Peter Ustinov，演員）

要手創出一個出色的空間可以參考許多坊間雜誌擷取靈感。許多經典電影也同樣可以提供幫助，像在《純真年代》（*The Age of Innocence*）裡的餐桌擺設，或是在《六人行》（*Friends*）裡面的紐約閣樓公寓，還有《第凡內早餐》（*Breakfast in Tiffany's*）中奧黛莉‧赫本在圖書館的場景，及《龍鳳配》（*Sabrina*，當然是赫本的版本）的開場場景。另外，《上流社會》（*High Society*）和《阿瑪迪斯》（*Amadeus*）等電影，可以描繪出時代的衣著和意象。

當然，如果妳是一個四處留下足跡的旅行家，家中自會有許多地區的紀念品。妳的家就應該要展現妳個人的習慣、興趣、特質（書本不是只拿來裝飾用的）及流行感（顯現在帽架上及壁櫥上）。

最重要的是，妳家裡應該要秀出妳選顏色的眼光，或許從頭到腳穿得一身黑被視為一種時尚，但套用在家裡的顏色選擇上就完全不是那麼一回事了。在裝飾家時，妳需要另一個「妳」的出現，讓妳渴望的家和凡爾賽宮一樣獨特，和白金漢宮一樣堂皇，也和一雙室內拖鞋一樣帶給妳舒適感。

要確保擁有一間好品味的房子，妳可以先決定一個顏色或主題，然後讓它們充滿妳的房子。不需要死板板，不過必須反映妳個人的特質，要讓妳的特質從室內裝潢中發聲。無論新舊，無論古董或廢物都可以放在一起，最重要的是——要有創意！

最好在妳搬進去之前先將新家佈置好，至少在面臨進駐當天的混亂前，得先決定好東西各自該放在那個位置！先決定好每個房間應有的特色，然後去突顯它。例如，鏡子可以使房間看起來更大，而暗色系的天花板會使房間看起來低矮。

妳可以去撿一些松果、貝殼、石頭或漂白過的木頭，這些「自然」的藝術作品看起來不做作，而且好處是它們不但便宜，還能帶來不同的趣味。

把相片裝框並決定電視的位置，然後舒適的椅子和床到齊，其餘的東西也就跟著就位了。

買個祖父鐘，雖然它的滴答聲聽起來像心跳，然而一旦妳習慣它，它就不會再吵到妳，反而會讓整個家更為靜謐。妳也可以改放一架鋼琴或是其他樂器，但前提是妳的鄰居不會抗議。

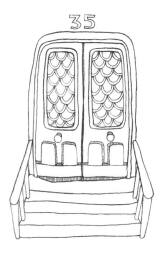

遷入新居時，正好來一次徹底的大掃除，是趁機擺脫那些亂七八糟東西的時候。但別忘了一件事，妳不是機器人，妳不會想住在一個無趣的環境裡，有一個可以讓妳蜷曲著看電視的懶骨頭椅也挺重要的。妳的家應該要有客人，但也別太好客，要是客人賴著不走會讓女主人累死。妳可以照著以下的比例，努力讓妳的家達到一種平衡：10%是妳的心情，10%是妳的個性，30%著重舒適，50%呈現妳要的風格。

努力讓妳的家保持整潔，但又不失舒適，樣品屋看看就好，妳不會真的想住在裡面！

請切記！妳的衣服可以拿來當做牆上的裝飾，而雪紡圍巾可以拿來裝飾妳的沙發，鞋子也可以拿來當做門擋。不管如何，記得兩個字──「創意」。

「風水」就是風和水

「風水」其實就是「風和水」。它是以「合乎天地自然之理」的技術，來營造一個對妳最有利的環境。它會給妳一些建議，讓妳避免把家具放在導致惡運或不幸的位置。照著風水的概念來佈置妳的家，可以提升妳家裡的整體感，若反其道而行，則會帶來不幸及苦難。

首先，最重要的規則就是「相信妳的直覺，妳內心的聲音就是妳最重要的工具。」

清掉那些不必要的東西，包括人、家具及廢物。

規則的形狀會比不規則的要來得好。

每一個「問題」都會有一個相對應的「解答」。

風鈴、水晶和鐘可以驅散負面的能量，並吸收「正氣」。

植物花草宜選擇其末端是圓弧狀的，因為尖刺狀的植物，像仙人掌，會營造出尖銳的環境。

鏡子則要選擇放的位置，因為妳會從中看到兩個相同的東西。所以放在錢箱或牆壁的正對面，這樣會讓錢或是空間變成兩倍。絕對不要正對著廁所或者床，因為那會導致不貞。

把妳的全家福照片掛在西南角的牆上。

和水相關的物品，像魚缸或噴泉，會招財。（漏水和淹水卻不是。）

對結婚的人來說，成雙成對的裝飾物可以確保夫妻關係和諧。

不管妳怎麼擺放妳的床，切記別讓妳的床腳正對著門，因為那是棺材的放置法。

妳是女王，也是灰姑娘

只要有適當的鼓勵和照明，家也可以成為一個女人的地盤。與其把自己看做一個煩悶的煮飯婆兼清潔工，妳也可以想像自己是一個法國仕女和赫姆‧紐頓（Helmut Newton，名攝影師）的模特兒的綜合體。從圍裙和手套上面妳有很多可以拿來說的故事。

記得以下事項：如果這是妳的家，妳必須靠自己來整理房子。如果是合租的，那就在搬進來之前先訂下幾條規則。不要讓妳的咖啡杯和盤子自己長腳，也請記得它們不會自己自動洗澡。

列出一個妳的家務事圖表，然後把這些「日常瑣事」當成呼吸一樣來做。妳可以想像一下超完美嬌妻（Stepford Wives）遇上奧莉薇‧紐頓‧強（Olivia Newton John）的情景。（背景音樂請自由搭配。）

把要花掉妳半個早上的工作分成許多個五分鐘可完成的小項目，然後把每一個細項對應妳的CD或iPOD裡的一首音樂。如果這個任務需要動到妳的身體，那麼請遵照下列指示——記得多一點珍‧芳達（Jane Fonda），少一點灰姑娘。

使用真空吸塵器：是雕塑大腿及臀部曲線的利器。

用吸塵器吸樓梯：可以強化妳的小腿、臀部及骨頭。

打蠟：增強妳的手臂、脖子及肩膀。

把東西放進洗碗機／洗衣機：鍛鍊妳的腹部肌肉。

晒衣服：針對腹部肌肉及上臂肌肉。

清掃踢腳板及相框：加強腹部肌肉及上半身。

擦地板：幫助大腿、屁股運動及姿態。

熨衣服：幫助腹部肌肉、上半身及姿態。

洗盤子：鍛鍊上半身。

做園藝：加強心臟及全身訓練。

血拚：更是一種全身訓練。

要是妳真的是一個髒鬼，給妳兩個建議：1.僱個清潔工；2.搬到旅館去住！

女王的交辦清單

做出一份清潔工具的清單。如果妳住在一個超過三間臥房的房子，去了解一下妳的「同行」都用些什麼工具，因為這些工具對改善妳的家很重要，而且讓妳的生活輕鬆一點。妳可以選擇時髦的真空吸塵器——最好是Dysons淺色塑膠外殼，它可以讓妳的工作更加活潑。或是傳統一點的——妳家裡應該要有：

畚箕、刷子和掃帚（灰姑娘的標準配備）。

清家裡的抹布、擦杯盤的抹布、雞毛撢子及所有的清潔用品。

洗衣機、洗碗機很重要。

有烘衣機更好。

灰姑娘每天該做的事

床：整理好。

電話：充電完畢。

待洗衣物：髒的丟進籃子；乾淨的摺起來收好。

窗戶及窗簾：打開讓房間通風。

墊子：拍打。

寫「要做」的工作清單：要不要去雜貨店買瓶鮮奶或是茶？

雜物及垃圾郵件：全部丟到垃圾筒然後一併清空它。

待洗碗盤：如果沒辦法每餐餐後洗的話，也不要讓它越堆越高，還有別讓黴菌越生越多。

擦拭：工作檯、桌子及常用的物體表面。

清掃房間：用畚箕和掃帚。

澆花：室內外都要，還有看看買回來的鮮花是不是快凋謝了。

灰姑娘每週該做的事

絨被套和枕頭：更換它們。注意：枕頭套和絨被要成套。

地毯和踏腳墊：用吸塵器吸。

拖地：特別是廚房、浴室。

廁所：消毒。（很討厭，但一定得做。然後擺上妳的金盞花。）

妳有沒有什麼東西要留給清潔隊員啊？把黑色垃圾袋裝箱之後交給他們，記得打包時確實一點，免得它們在妳家門前爆炸。過年時，別忘了給這些辛苦的清潔隊員們一些鼓勵喔。

衣物送洗：也別忘了將之前送洗的領回。

灰姑娘每月該做的事

擦拭、清潔和打蠟：從頭到尾徹底地把妳的窩打掃一遍。沒錯！包括妳的窗戶及窗臺。木製的家具可以打上蜜蠟，

不只聞起來讓妳如置身天堂，它們還會因為妳的關心和照顧而光亮地回報妳。

用吸塵器吸塵或掃地：尤其注意沙發底下及床下。

清理冰箱：請無情一點，把所有過期的食物全部丟掉。用同樣的方法來處理舊報紙和雜誌，如果妳在三年內用不到它們的話，就全部丟進資源回收筒吧。

檢查炊具：妳有用過它嗎？如果有就把它清洗乾淨，微波爐也是：把裡外都擦拭一遍。

巡視四周：用雞毛撢子，按著固定的路徑把家裡角落和天花板所有的蜘蛛網清掉。

還有力氣嗎？如果可以的話，輕輕的拍一下妳的床墊，手冊上指示妳應該兩星期做一次，但其事實上每月一次已經足夠了。

灰姑娘每年該做的事

郊遊：清潔墊子、被子和地毯這麼辛苦，每年應該要慰勞一下！

窗簾和百葉窗：在年度大掃除中要取下來清潔。

打掃：徹底的把每一個角落甚至小裂縫都打掃乾淨，就是那些妳每周每月都沒打掃到的地方。

檢查：就是妳藏在床底下的那些東西啦。

另外的解決方案：找個專業的清潔工，讓他在妳外出的時候，把家裡來個全面性的掃除。

當妳一切打掃自己來的時候，需要為某個約會尋找拒絕藉口時，妳的理由除了「我正在洗頭」之外，還可以有：

正在整理文件、情書和帳單，還有退稅事宜。

正在廚房、臥室或以外的地方整理櫥櫃。

正在清潔家裡的吊燈。

正在替妳的銀器和珠寶上光。

正在整理內衣抽屜。（重新摺一遍，然後把舊的、穿爛的內衣扔掉。）

灰姑娘的打掃小撇步

把妳的例行家務瑣事表列出來，然後標記在清單上。

同時也表列一張妳的清潔用品清單，用完之前記得要更換或補充。

隨手清潔可以降低妳面對打掃時的恐懼。

用吸塵器清掃布料和沙發的墊襯，用軟管吸去掉在沙發上的小碎屑。

放柏木塊在妳的衣櫥裡，讓裡面的氣味清新並防蛀蟲。

把小蘇打粉灑在地毯上，放置一整晚讓它吸去霉味，到了早上就用吸塵器吸掉。

所有的房子門口應該都要放一塊迎客踏墊，不是為了表達歡迎之意，主要是希望客人在進家門前，把鞋上的泥巴給清乾淨。

緊急救援不是只有119

妳要把下列電話號碼儲存在快速撥號鍵、記憶裡或是容易取得的地方：醫生、計程車、水電工、鎖匠、外包清潔服務、電腦技師、食物外送餐廳電器行、鞋匠、花店和獸醫。

妳也可以選擇把上述電話號碼都刪除，然後就撥「媽媽家」電話。

鋪床當然不成問題

首先，先把床單盡可能的鋪平。但也不要為了床單夠不夠平而煩惱，除非妳是軍人或是護士，不然適當就好。

把枕頭拿開然後甩一甩，然後就先丟地上，它們的角色就像是蛋糕上的櫻桃，最後才需要點綴上去。

現在就把絨毛被給拿出來，外面有套被套嗎？或是該換一個新的了？它應該要每周換一次，而且如果它沒有套子的話，裝一個上去。趕快處理，別像個粗人一樣就上床了。

有種怪人會等到被子放好後再用熨斗去熨平它，但其實最好的方式是套棉被前先把被套熨平，才能讓被子充滿「空氣」。

套被套有一個迅速的方法，就是先把被套翻開3/4在外面，然後把絨毛被套進剩下的1/4裡面，放在床上後，再把剩下的部分翻回來。真正的專家用手抓住邊角，就可以把被子攤平整，一旦被角固定在被套的正確位置，剩下就只需要些許修正就可以了。
視情形把被子摺起來。

拿回妳的枕頭，使它們鬆軟一點再放回床上，然後請克制妳想跳上床的衝動……這樣做只會浪費妳的時間。

善待女人永恆的好友——鑽石

「不管是方正或是梨狀的裁切，這些石頭不會改變它們的形狀。
鑽石是女人最好的朋友。」

瑪麗蓮・夢露在《紳士愛美人》
（*Gentlemen Prefer Blondes*）中的台詞

　　鑽石是妳所能擁有的東西中，和妳關係最為長久的，它是一種投資
而且它閃閃發光。就像莎莉・貝雪（Shirley Bassey，靈魂樂女歌手）
說的「鑽石絕不會離妳而去，但男人會！」。

　　常常聽到有人抱怨對「便宜」的珠寶「過敏」，鍍鎳的戒指和假貨在
妳年輕的時候或許還可以將就一下，不過比起真品，便宜珠寶不但會隨
著時間黯淡，而且有些的確會使接觸的皮膚過敏。

　　如果妳擁有的珠寶收藏和皇冠上的寶石可匹敵，或說妳是像伊麗莎
白・泰勒那種人，那麼妳應該要知道如何讓妳的石頭們閃閃發光的知
識。如果你擁有的寶石值得投保，那妳就應該要知道如何清潔它。夢露
說的對，「鑽石是女人最好的朋友」，不過也有其他的石頭是值得買來做
為禮物的，像是一些誕生石，先來了解一下妳屬於那一種珠寶：

月份	誕生石	顏色
一月	石榴石	深紅
二月	紫水晶	紫色
三月	藍晶／血石	蒼藍
四月	鑽石	白／透明
五月	祖母綠	綠
六月	珍珠／月石	白／紫色

七月	紅寶石	紅
八月	橄欖石／瑪瑙	蒼綠
九月	青玉	深藍
十月	蛋白石／粉紅電氣石	多色／粉紅
十一月	黃水晶／黃玉	黃
十二月	藍玉／綠松石	藍

　　妳的誕生石不見得是妳最喜歡，或最適合妳的顏色，所以也不必拘泥只用在生日禮上。例如，只要在七月任何一個值得紀念的日子裡，贈送紅寶石也許就是個不錯的選擇。周年慶、紀念日和假日不應該被忽略掉。也提醒一下所有的求婚者，不管在一年裡的任何時間，Tiffany的任何東西都是受歡迎的。禮物不是只有生日才能送，它們可以為任何日子製造驚喜！

　　言歸正傳別浪費時間在那些人造珠寶或便宜貨身上了，正如妳只會把昂貴的衣物送乾洗，所以，只需要清潔那些真的珠寶就好。如果發現妳的婚戒不用清潔，那他可能是個騙子！

　　在妳開始清潔之前，先確定珠寶沒有任何會鬆脫的物件、鉤子或石頭。妳可能會需要塗一點接合劑或是用小鉗子把它夾緊，但如果需要超出一般人可以處理的情況時，請帶到珠寶店，讓專人用專用的工具來處理。

　　使用不會弄傷珠寶的清潔用品來做清潔（就是不會刮到石頭表面的，像砂紙就不合適），妳可以從超市或是珠寶商取得這些用具，或是隨意地用肥皂水和布料來處理。

　　把布料浸泡在肥皂水裡，然後輕輕的擦拭和上光，然後用清水沖洗並拿布料的另一角輕拭。再用另一角把戒指

或妳鍾愛的物品擦亮並擦乾。

　　不管是用什麼清潔用品，請謹慎地使用，並輕巧地但完全地把它們清掉。若妳戴的是銀飾，妳越常戴在身上，它就越不容易氧化，這也是一個妳必須時常裝扮自己的好理由。

如何打毛線和清洗
朱利安・麥克唐諾（Julien Macdonald），時尚設計師

　　現在許多人都喜歡打毛線，如果那些迷人的偶像們，像凱薩琳・麗塔・瓊斯，都自己編披風來當聖誕禮物，現在開始也就是跟上流行囉。

　　如果我是個初學者，我會選擇比較大一點的編針，因為它比較容易編大的衣服，也較快完成。如果妳知道怎麼捲毛線和上下針，那妳就只要選好妳要的顏色。勇於嘗試去做，如果妳不知道該怎麼做，找個人來示範給妳看，或是幫妳做，然後妳就可以離開了。

　　我從小就開始打毛線，當我還沒開始使用鉤針時，我喜歡編上針，它們很容易上手，妳只需要打環、然後往下穿過去。打毛線是一種技術的藝術形態，我為名流們做的都是女裝設計，因為它們是手工的。然而一旦妳學會了，妳到那裡都可以做。當我感到壓力時，鉤幾針毛線會讓我感到放鬆。

　　如果妳要買針織衣物，請先看一下清洗說明。它有九成是可以清洗的，它們只是被過分謹慎對待，而且多數人會懶得看洗滌說明。我用洗衣機洗我的羊毛衫——拿一件100%埃及純棉枕頭套，把羊毛衫放進去，然後選擇輕柔清洗的方式。

　　用洗衣機洗好之後，記得要確定把妳的針織衫平放晾乾，絕對不要放進滾筒式烘衣機，除非妳想把它弄皺。

自己動手縫補

家裡不要像大拍賣時的百貨公司，塞滿了缺釦子的衣服，就縫一下吧。

請備妥完整且完好的針線工具包，包括一系列的彩色針線及標準的黑白棉線。

穿針引線

線不要太長也不要太短，太短會使妳無法完成妳的工作，而太長線會容易打結。

先舔一下線頭這樣穿針時會比較好穿。

對初學者來說，當然用針眼較大的針容易些，但要記得，針眼越大針就越粗，針穿過布料所留下來的洞就會越大。最好是把棉線對摺，然後在底部打一個結，或是把幾條線固定在上面，這樣針就不會用一用就不見，也能讓線有雙倍的強度。

在換下釦子前，先看看其他的釦子是怎麼縫上去的。它們是以什麼形狀縫上去的？是交叉線還是垂直或水平線？照著做，這樣妳縫的釦子才不會看起來很怪。

修改褲子

穿上褲子或是需要修改的衣服，站在鏡子前面，將過長的部份摺起來並用別針做出記號，上別針是比較煩人，不過卻是重要的一環，尤其是在褶邊時。有句俗話說「及時一針救九命」，用在這實在是很適合。檢查兩邊褲管有沒有一樣高。

當需要褶縫處確實固定好後，就可以沿著摺縫線先「粗縫」。「粗縫」是指用較粗的白線約略用平針縫起來，讓褶縫固定，然後再慢慢細緻的縫起來。

或者妳也可以把褲子帶到乾洗店，幾乎每一家都提供修改服務。另外一招是先把褲子熨過，這樣就不必去擔心褲子皺的問題，也可以讓布料平整好縫。儘量選擇和布料顏色最近的棉線來縫，並選擇妳眼睛所能看到最細的線，試試用人字型縫法，這是一種介於平針縫和回針縫間的縫法，每一針都會壓在前一針上。

儘可能靠著布料的邊緣縫，然後盡量少留線在上面，關鍵就是線要儘量隱藏起來。

穿出去前先熨過

如果沒時間做上面這些事，或是妳才剛從辦公室溜出來，好吧，帶著妳的釘書機，直接把需要縫線的地方釘下去，但別把這一套用在絲綢、緞子或那些易損的衣服上。然後記得在洗前把釘書針拿掉。這不是一個妳可以拿來吹噓的方法，不過用來應急還挺管用的。

「補」不一定要針線

現在已經沒有人補襪子了，如果發現襪子破洞，直接丟掉就好了。破襪子不但會影響腳的血液循環，而且難看。在妳找到垃圾筒之前，請別讓人看到妳襪子的洞。

如果是穿絲襪，而且只需要撐個短短幾小時，可以拿一點指甲油或是一小塊溼肥皂，把它塗在破洞的周圍，這樣就可以防止破洞擴大。

把衣服燙平
貝拉弗蘭德（Bella Frend），服裝設計師

少年時的我，每個星期六都到鄰居家打工，幫忙燙衣服。我們的鄰居是一對退休的陸軍夫婦，友善，但完全是來自另一個不同的世界，我不確定我知道怎麼燙衣服，但是我需要錢去買……任何東西。

我的雇主喬安讓我在樓上的小房間和很多壓皺的衣服在一起，她自己似乎不喜歡燙衣服這類工作，但是卻讓我展開此生最有用的工作之一。

首先處理襯衫，把衣服在板子上打摺打平，從上衣的肩部回到衣領，然後燙袖管後再燙袖口，先燙前胸兩邊後再燙後背，最後的一步是專心致力於領子。我就依照以上的指引工作同時也發現到一些訣竅。這個燙衣服的程序就像是一個完美的慣例，只要你堅持下去，對稱和令人欣喜的平整結果就會隨之而來。

跟妳的裁縫師商談
史黛拉‧麥卡尼（Stella McCartney），時裝設計師

我發現我父母的服裝都是訂製的，訂製服可以做得很合身，所以他們的造型及合身度就像一個手套，而它們注重細節的設計也吸引了我。訂製服比成衣昂貴，但它們可以穿得很久，相對來說也是值得的。

當妳選擇訂製服裝時，就是要得到一件完全如你想要的衣服。如果妳喜歡，妳就是設計師，而這件衣服也將照妳的基調和個性裁製。

不要被嚇住，要堅定地告訴他們妳要什麼。傳統的裁縫是適合男人的，針對女人就更要講究裁製，因應每個人的身材。我母親會將她訂製的外衣和印花連衣裙混搭，她的風格就會非常有靈性而獨特。

問問自己在試穿的時候，感覺胸部是否合身？肩膀適當或太緊？妳的手臂活動自如嗎？妳側面的哪部分要增加？還有哪些要隱蔽？做一件訂製服可以幫妳了解自己的身材，妳可以掩蓋掉身材上令人不愉快的地方。多少年後，當妳體型改變，妳還可以帶著妳的衣服去修改。我要求我的顧客要持續回來修改，讓這些衣服不只成為衣櫃的一部分，也能成為每一個女人人生的一部分。裁縫師是妳的盟友，他緊密的守護確保妳的身材，就像一個雕刻家，為妳製造出一個新的身影。

真正好的衣服纖維質料是羊毛，所以妳不可以用化學製品乾洗，只要拿回裁縫師處，他們會用工業用的熨斗使它們恢復。

客人找我做衣服，我通常建議做一件單排扣的小夾克，和兩件不同的褲子，一件低的吊帶時髦褲及一件古典型式的褲子，這是永遠不退流行的款式。可以讓女人看起來性感且有權威，想想比安卡・傑格（Bianca Jagger，歌手米克傑格前妻，演員）的白色褲裝，或是瑪丹娜。不要讓薩維爾巷（Savile Row，倫敦高級裁縫店聚集的一條街）威嚇妳，妳知道這不僅是一個男人的世界。

化身春神

瑪麗、瑪麗，這麼堅持，你的花園為何如此繁茂？
因為有銀色的鈴和貝殼，美麗的少女都站成一排。
　　　　　　　　　　　　　　　　　　——童謠

窗台花箱

與其幻想擁有一座花園，有個別緻、簡潔、且不用費力照顧的窗台花箱，可能更適合過敏或是忙碌的愛花人。

首先，從園藝店買個長方形容器。檢查一下底部是否有小洞，側邊接近底部之處是否也有。植物需要適當的排水，太潮濕或過於乾燥對植物都有害。在容器裡放土，把花的種子對稱和均勻的播在土裡。

不要把種子種在一直線上，這樣會太死板，種「之」字形更適合。思考一下你的設計：較大型的植物應該是在中心附近或後方；葉芽應該被保護；藤蔓類植物應該在邊緣處或前方滋長，才會有青翠茂密的感覺。

種下球根

挖個洞，不管是花園、花盆，或者是窗台上的花箱，過程都差不多。確定洞挖得夠深，且四周跟底部都還有足夠的土壤。使土壤足夠潮濕，然後用鏟子翻土，像做個泥巴派一樣。把球莖埋入土裡2到3英吋，確定球莖的方向，不然你就會種出一個上下顛倒的花苗，而且會被蓋在土裡什麼也沒有。接著要把土蓋上，用手輕拍。注意土別堆得太緊，不然球莖會不能呼吸，想像一下你不能呼吸的感覺。確認球莖是在花盆向下三分之二的地方。剩下就是等開花了。

最後，要確定花箱的安全性，不管是在窗台上、壁架、或是用螺絲固定在某處。一定要安全。這點特別重要，一定要記住，一小塊乳酪從艾菲爾鐵塔頂端往下丟，都可以把人的頭切成一半！

美觀上來說，假如空間允許，至少一次種兩個花箱比較好，它們可以塑造你的家。

如果窗台花箱不是你的選擇，但又想種點東西——望向窗外可以看到葉子的生長，吊盆觀葉植物將會是個愉快的選擇！你可以買已經種好的，如果想要追求成就感也可以自己種。把已經長好的葉子跟葉芽混在一起。半邊蓮（lobelia）、吊鐘花（fuchsias）、天竺葵（trailing geraniums）、矮金蓮（dwarf nasturtiums）、秋海棠（begonias）、萬壽菊

（french marigolds）和牽牛花等，都是很有名的吊盆植物。

另外，要注意正確排水的原因。如果你的窗臺有頂棚，你要確定你的植物不會因此乾枯；同樣的，如果一直都在下雨，也要避免植物淹死。請留心那些葉芽、花蕾，小心保護它們，讓它們開花、枝繁葉茂。

讓室內也綠意盎然

植物要按時澆水，這個不用說也知道。如果植物的葉子特別茂密，你可以用噴水器使植物看起來生氣盎然且能增加水分。想一下怎樣對植物最好，還有，不要把它們放在直射的陽光下，或者是陰暗處。讀讀關於這些植物的說明，了解哪一類植物適合放在何處。

思考一下如果你是那盆花，你想要站在哪？不用懷疑，它們也會同意！

鮮花是必需的

花是妝點一個家必要的元素。

買一枝一枝的花，即使數量不多也行！再到花店去選些葉飾，額外的葉子會使整束花看起來更有份量，或者選用瓶口小的花瓶。要小心挑選花材，大朵的花，比如百合，就容易吸引所有的目光。

裝滿花瓶後，轉一下，看看每個角度是不是都很有美感、令人愉快。別忘記從上方俯視一下，這是花束的最佳角度，它們該回到陽光下。

挑選一下手邊的花瓶，因為不同的花適合不同的花器。鬱金香適合高的玻璃瓶，然而小蒼蘭在任何瘦長的容器裡都不會被看見。令人印象深刻的陳設就要放在自豪的地方，比如咖啡桌，任何枯萎的東西都該直接丟掉。

季節花園開在妳家

當你在花店裡，通常挑看起來最生氣盎然的最好，但你也可以想一下當令的花。牡丹和鬱金香總是很受歡迎，不過你還有其他選擇。

月份	當令開的花
一月	雪花蓮和黃水仙
二月	紫羅蘭和櫻草
三月	長壽花和鬱金香
四月	香豌豆和雛菊
五月	鈴蘭和山楂
六月	玫瑰和忍冬
七月	飛燕草和睡蓮
八月	罌粟和劍蘭
九月	翠菊和牽牛花
十月	金盞花和大波斯菊
十一月	菊花類和小蒼蘭
十二月	冬青、常春藤、槲寄生

用新娘捧花祝福自己

古羅馬的新娘與新郎會戴花環，象徵他們的生殖力和永遠生活在一起，有些甚至會把大蒜混在裡面以避邪。今天捧花不僅象徵純潔，那充滿希望的香味，也將永遠保留住關於婚禮的記憶。丟捧花的習慣來自美國，未婚的女人都會搶著要接住它，因為據說接到的人就會是下一個結婚的人。

但在你的大日子，應該要拿哪種花束？花朵有很多的含義，傳遞正確訊息給你的另一半是很重要的。

花名	花語
蘋果花	好事將來臨
火鶴花	對你坦誠
白樺	長壽
山茶花	感謝
矢車菊	讚美與希望
雛菊	純真
羊齒蕨	迷戀與真摯
勿忘我	紀念與真愛
蜀葵	奉獻
忍冬	慷慨、寬大
風信子	美好
鳶尾花	信任與智慧
常春藤	永遠的忠誠
茉莉	可愛
薰衣草	甜蜜與歡樂
紫丁香	年輕的純真
鈴蘭	再次得到幸福
含羞草	敏感
苔蘚	永遠鍾愛
牡丹	著迷
紅玫瑰	迷戀、陶醉
玫瑰（珊瑚色）	熱情與渴望
黃玫瑰	友誼

玫瑰	感謝之心
玫瑰	優雅
玫瑰	魅力
白玫瑰	純潔
雪花蓮	希望
夜來香	危險的愉快
鬱金香	我完美的愛人
紫羅蘭	忠誠

如何買回花店裡最好的花
寶拉‧卜萊克（Paula Pryke），花店負責人

　　時令花朵永遠都是最適合購買的。別忘了和花店老闆多聊聊，他會會告訴你該如何照顧花。

　　新鮮的花朵應該要有健康翠綠的莖和葉子最好是買含苞的花，才能夠維持較久的時間。不過要是在特殊場合或事件，你希望花看起來漂亮又引人注目，就得買已經綻放的花。

　　盡快把花拿回家，用鋒利的小刀或剪刀，在莖的底部削去約2.5公分。把花放在裝滿溫水的乾淨花瓶中。花瓶要像你的酒杯一樣乾淨；用漂白水清潔花瓶，才不會有上一束花留下來的壞細菌。溫水比冷水含有更多氧。放營養劑下去也可以改善花朵的生機，也是個抗菌的好方法。

　　把位在莖部低處的葉子都去掉，這樣才不會有葉子浸泡在水裡。保持水的乾淨絕對可以延長花的壽命。

　　維持花朵生命的最好方法是每天換水，而每三天要修剪一次莖部。

這件事有一點點小煩，但為了維持長久的美麗是值得的。室內要保持恆溫，並且遠離乾燥。

水果會散發一種促進成熟的激素，讓花朵過早凋謝，所以別買跟水果放在一起的花，也別把花放在你家的水果盤附近。有時候我們會想把水果跟花放在一起作為裝飾，但只限於特殊場合，而且花期長短並不是主要考量時。

永遠要放一瓶香花在你家裡。我通常都把我的花瓶放在浴室或玄關，絕對不放在廚房或餐廳，因為它們會蓋過食物的香氣。除了百合，所有散發香氣的花，壽命都比不香的花短一點，因為香花用大部分的能量在散發芳香。香豌豆、鈴蘭、夜來香、含羞草、小倉蘭和紫羅蘭屬的植物都是很好的例子。

如果把佈滿花粉的雄蕊摘掉，百合就可以維持比較久。花粉會沾染，要小心你的家具和衣服。如果花粉沾到你的衣服，馬上用膠帶將它黏起來。

大部分人都喜歡把花擺到枯萎為止。建議妳最好在花開始凋落時就丟掉，因為最後它們聞起來會很噁心，也會把家具搞糟。

用季節性的植物來裝飾花瓶，花朵、莓果或是葉子都行。我喜歡春天的櫻花、初夏的亮綠色葉子、秋天的山渣樹和冬天的冬青屬植物與漿果。

現在流行把一些不錯的花瓶放在一起，然後每一個瓶子裡都插一支奇特的花。這種「解構」的形式很適合火鶴花、蘭花和海芋。

我也喜歡用這種解構的形式，用一些放許願燭的小玻璃杯來裝一支花，或是僅有花朵的部分來裝飾我的餐桌。這樣你才有空間讓給大的盤子和酒杯（酒瓶！）。我尤其喜歡用萬代蘭（blue vanda orchid），它至少可以維持三個星期。

昂貴的花通常能維持最久，比便宜的花更值得。像生活中的所有事情，花也分等級，且依照品質販賣，最貴的永遠總是最好的。火鶴花、薑花跟百合花、孤挺花有一樣高的價值。

照料鬱金香

每個人都有自己喜歡的花，但鬱金香是很受歡迎的一種，因它們從含苞到開花都是妝點房間最動人的東西，就算凋謝了花粉也不會掉一地。你收到鬱金香的話，你得照以下做法，來促進它們的生機。首先，把花直接放進一盆冷水中，把花瓶也裝滿水。在水面下把莖的尖端剪一個小小的斜角，也就是說在不接觸到空氣的情況下剪一個新的切口。整束花都這樣處理後，一枝一枝地放進花瓶；動作要快，盡量避免新切口接觸空氣。在花朵下方約一英吋處用別針刺一個洞，每一朵都一樣。這個氣孔會讓鬱金香保持挺立得久一點。

收到爛花束時

如果你收到的花束像是從車庫裡拿來，或者夾雜著顏色鮮豔的康乃馨，當著來人的面，你可以把門「砰」一聲摜上。這是廉價到根本不用接受的禮物。同樣的，假如你收到一大束預期之外的花，也要警戒，這位追求者和仰慕者也許是想吸引你的注意；要是花束來自你的男友，你該去查查他昨晚作了什麼「好事」。你還可以去問問送你捕蠅草或仙人掌的傢伙，對妳到底有什麼意見。

在拜金世界裡優游

「因為我們活在一個拜金世界。而我就是一個拜金女郎……」

瑪丹娜，《拜金女郎》

不可否認的，錢是讓這個世界運轉的必需品。妳不但要知道如何賺錢，還要知道如何守住錢、如何花用，還有失去它時該怎麼辦？金錢帶來責任，也帶來人生的高低潮。別指望中樂透，那就像妳夢想嫁入豪門一樣不切實際。事先做好計劃、未雨綢繆，才可以讓你胸有成竹，無往不利。

想想下列問題：

妳最近是否中過樂透彩，或是知道有誰中獎？

妳是否有超有錢的親戚或是很溺愛妳的另一半，他們唯一的快樂就是買一大堆禮物送妳？（後者應該稀少到絕種了吧？）

妳是否繼承了一大筆財富，或是去搶了銀行？

以上皆非，而且套句桃莉‧芭頓（Dolly Parton）的歌詞，妳是那種「朝九晚五、努力求生」的人，卻還是沒什麼錢呢？

——當淘金者跟罪犯都不夠實際，賭博也不可靠。妳必須知道如何理財！

對錢要有責任感

看起來是一回事，實際上怎樣，那就完全是另一回事了。當妳要貸款，需要去見銀行經理或是參加面談時，妳必須看起來對錢很有責任感。

妳一定要有自己的存款。不管聯名戶頭看起來有多誘人；當處境太艱難，只有揮霍能讓妳恢復元氣的時候，妳必須要能自由花用妳的錢。

嫁給百萬富翁可能也很吸引人，但那不是現代女孩對終身幸福的解答。

當個獨立自主的女人

獨立會讓妳更有吸引力，且無往不利。從歌詞中學習、且該大聲唱出來當主題曲的歌還有阿巴合唱團（Abba）的《金錢至上》（Money Money Money）、瑪丹娜（Madonna）的《拜金女郎》（Material Girl）、瑪麗蓮‧夢露（Marilyn Monroe）的《鑽石是女人最好的朋友》（Diamonds are a Girl's Best Friend）。舞步就是附加的贈品了。

但記住阿諾‧史瓦辛格的話：「錢不會讓妳快樂。我現在有五千萬，但跟我有四千八百萬時一樣快樂。」還有比錢更重要的東西，有其他一大堆歌是在闡述這件事。

聰明購物

你隨時都可以血拼，妳只要知道對方喜歡什麼、要去哪裡買，還有妳的預算就行了。你可以趁季末折扣時買，血壓才不會瞬間飆高。事先計劃也是找到完美禮物的關鍵，同時也能從每月幫妳分攤花費，畢竟，就像培根（Francis Bacon）說的：「錢就像糞，沒撒出去都不是好東西。」

耶誕禮、生日禮、還有那些象徵性的禮物，連同卡片，妳都可以在好幾個月前就先買起來。只要把它們放在安全的地方等待時機就行了。

妳應該隨時留意有沒有很棒的禮物：旅行時，看看有沒有獨特的東西是妳能買的，或是免稅、便宜很多的東西。有必要在過節前才去買一堆特價品嗎？

在折扣季中撈到最大好處

有經驗的內行人會在下折扣前就開始注意店家。先試穿各種款式，研究什麼款適合妳。試著跟店員打成一片，想辦法從他們那知道何時開始下折扣，看看妳能不能受邀參加搶先特賣會。

不要因為東西便宜就瘋狂亂買。不管有多便宜，妳就是只需要一件熱褲，沒必要買的東西，明天就被妳拿去送去回收。

有些地方可以等到超低折扣再買。有些地方要在打折的第一天就去逛。放低妳的身段、加入競爭的行列；特價品需要妳全心投入，而且越早去的人，拿到的獎越大。

另外一個好主意，就是找出其他世界流行之都，像是巴黎、紐約、米蘭的折扣時間。規劃一趟到那兒的旅程，或是讓妳出差的時間恰巧符合折扣時間，去買一些只有當地人知道它價值的特價品。

記得，在打折時購物的原則是，知道妳要什麼、妳的尺寸，還有什麼才適合妳。如果有看到那種一整排的好衣服都沒人買，那一定有蹊蹺——有很多爛貨看起來就跟好的沒兩樣。

如何省錢

「愛能征服一切，除了貧窮和牙痛。」
——梅·蕙絲

降低妳的花費，但不降低妳的生活水準，當然是辦得到的。

學著手洗、自己整燙衣服，可以減少乾洗的費用。

電話響時就接，這樣妳就不用回電。妳有可能搭大眾運輸工具嗎？

就算是半路也好？如果沒辦法，有沒有誰喜歡妳作伴，能順便載妳一程？

晚上待在家，在電視機前用晚餐。讓人找不到、約不到，不但能讓妳省錢，還會讓妳顯得更有魅力。估算一下晚上出去要花多少錢，不要每個邀約都接受。

如何面對貧窮

喔，妳是如此不幸，雖然不是自己的錯，但總是會有很窮的時候。完全沒錢，卡債一堆。

面對這個情況，最好的方法就是勒緊褲帶，讓銀行插手處理。

如果妳意識到狀況不妙，妳應該儘早採取行動。但如果一切在妳意料之外來臨，別忘了這些最簡單的處理方法：

把所有的開支列出來（帳單、外食、在家用餐、購物、旅行…等等）。

寫下每月的收入。兩者吻合嗎？妳還有盈餘嗎？是否入不敷出？糟糕，又要開始兼差當褓姆了嗎？有沒有誰欠妳的錢沒還？妳是否能夠負擔所有支出，而且清楚每一筆錢花到哪去了？檢視直接扣款帳戶，這種時候，妳還想每個月捐錢給柬埔寨那些有色盲的貓嗎？

有人可以借妳錢嗎？我知道莎士比亞說：「千萬不要當貸方，也不要當借方」，可是狗急跳牆的時候，千萬不要找上冷酷無情的高利貸。有沒有任何人妳想求助，或是任何人有欠於妳？想想妳的家人？朋友？如果還是沒轍，總還有當舖可以去。千萬千萬要小心吸血高利貸，他們跟人家收的利息通常是高得離譜。做個春季大掃除？有沒有什麼小玩意兒或是可以捨棄的戰利品，把它們拿到網站上拍賣吧？

待在家裡，不要外食、不要搭計程車，也不要再用手機一講就是兩個小時。

打電話給銀行，請他們幫妳規劃還款計劃。再次向他們保證一切都會沒事，這將有助於妳面對眼前的危機。當妳把問題找出來，問題也就

解決一半了。

　　到圖書館去看書、借書，而非購買。妳不會想得自閉症，所以還是出去逛逛、只看不買——試穿又不用錢。

　　如果妳一定要買東西，請審慎列出購物預算。人在沮喪的時候容易衝動購物，而買東西是治療沮喪最有效的毒品之一。妳可以給妳自己一個挑戰，看能不能在500塊以內買到完美的東西。如果沒辦法，那妳就大掃除，在衣櫃裡挖寶。再怎麼說，劉德華、王菲也是把Baleno穿得像設計師名品一樣。如果他們能辦到，妳為什麼不能？發揮創造力，做一番改造吧。同樣的方法也可以用在廚房。用某罐藏在櫥櫃許久的東西來煮馬鈴薯或許也很刺激；多加一點芥末就能替妳煮的豆子帶來辣味，甚至讓妳的味蕾整個麻掉。

　　當妳在思考花錢不花錢這個兩難的問題時，先把妳的手機關掉一天。少去那些危險區域——任何名品區、旗艦店…。

　　在窮到不行的時候，把信用卡從皮夾中取出來，換上捐贈卡跟圖書證吧。

如何保持富有

　　謹慎、小心是最簡單也最有效的持盈保泰之法。所以或許這個段落該叫「如何投資」。繼藝術品、鞋子、種類稀少的葡萄酒之後，房地產是最顯著的投資標的。

　　多閱讀印刷品上的財務專欄，或者做較適合成人的選擇——買股票成為賺錢公司的股東。妳也可以試著把錢存在另一個「難以接近」的戶頭裡，它會靜靜地累積利息，超棒的。或者妳也可以稍微不那麼性感的，把錢投資在退休金上。切記——玩安全的遊戲；當妳越老，心臟就越沒力。

學習與銀行往來

妳有銀行帳戶嗎？妳應該有的。

銀行有點像花園，這意思不是錢都長在樹上，但是存錢可以像種樹，只要定時澆水（利率），它就會長大，而妳可以自己修修剪剪（也就是從自動提款機提現）。

當妳要在一家銀行開戶或是存錢時，最需要注意：

☆ 妳的銀行是否運作正常，信用可靠嗎？

☆ 網路銀行方便申請、使用嗎？妳知道要怎麼查閱妳的帳戶嗎？

☆ 妳的生活圈附近是否有妳中意的銀行分行？妳的銀行在妳家附近是否有提款機？

☆ 妳有卡債嗎？你有適合你負荷的卡嗎？

銀行業務可能無聊到每個人都不想跟它打交道，但它還是很重要的。任何利率協議都可能使人惱怒，但是選對利率不但有趣，也很必要。利率就是當妳貸款或借錢給人時，妳所索取或被索取的費用。當妳貸款時，妳會希望找到最低的利率，因為那是妳必須繳回的錢。如果情況相反，妳是借錢給人，或是將錢存在銀行裡，妳就會想得到高一點的利率，因為它能為妳多賺點額外收入。銀行為了爭取客戶，都會提供不同的競爭利率，因此妳必須四處比較比較。

投資股票

在選擇任何投資前，妳可以先跟經理人或某個那行業裡的人聊過。妳也可以上網、翻翻報紙，看看各股股票的走向如何。

如果妳買了股票，就是股東。但在妳想出席股東會議、重組公司、接受旅行招待時，請記得妳只擁有百分之0.00005的股份，不過是雷達螢

幕上的一個小小光點罷了。選擇類股方面，製藥公司的成長通常較穩定，因為人永遠需要治療跟藥物。但股價也都是易變的，妳需要有鋼鐵般的神經；就聽從妳的經紀人還有妳的大腦給妳的建議吧。

記住：風險越高，獲利也就越高，但當它跌的時候，造成的損失也就越大。

注意：如果搭雲霄飛車對妳來說太過刺激，妳要有禮貌地請妳的經紀人讓妳下車——當然儘量越靠近最高點越好囉。

PART 5

成爲旅遊玩家

「貓頭鷹和貓出海,搭著一艘青豆色美麗的船,
牠們帶了一些蜂蜜和許多錢,用五鎊重的紙鈔包著」

————愛德華·李爾

如何成爲旅遊迷

跨出第一步

妳可能擁有100個電視頻道，也可以在網路上搜尋到任何妳想要的資訊，但唯有動身去看、去體驗，才能讓妳真正得到啟發。越早開始旅行越好，兩歲以下的小孩交通免費，所以沒有不去旅行的藉口。最好一年探索一個新的城市或國家。護照有多少頁，就去多少個地方。

「觀光客」可能會給人糟糕的刻板印象，要擺脫這樣的印象，竅門在於入境隨俗、尊重當地文化，那麼探索的大門就會爲妳而開。

選擇目的地就像從盒子中挑選巧克力一樣，妳可以從照片中看到它的模樣，但是不咬一口，根本無從得知滋味究竟是如何。冒個險，找個最喜歡的新口味吧。

影片和書本是很棒的靈感來源。《真善美》（*The Sound of Music*）會帶妳到薩爾斯堡；《紅磨坊》（*Moulin Rouge*）會帶妳到巴黎；《懸崖上的午餐》（*Picnic at Hanging Rock*）會帶妳到澳洲；《阿瑪迪斯》（*Amadeus*）會帶妳到布拉格。如果是沉浸在文學的世界中，《黛絲姑娘》（*Tess of the D'Urbervilles*）會領妳到多塞；福斯特（E.M. Forster）的《窗外有藍天》（*A Room with a View*）會領妳到佛羅倫斯；伯蘭‧史托加（Bram Stocker）的《吸血鬼》（*Dracula*）會送妳到特蘭西瓦尼亞；塞斯（Vikram Seth）的《合適的男孩》（*A Suitable Boy*）會送妳到印度。文雅之士同樣可以從畫作中找到啟發：讓高更（Gauguin）送妳到大溪地；莫內（Monet）送妳到他位於法國吉維尼的花園。或是專程到一個國家參觀它的美術館。

每個人一生至少要到巴黎羅浮宮看一次《蒙娜麗莎的微笑》；從紐約帝國大廈樓頂遠眺，或是在充滿異國風味的島上觀賞日落的景緻。國

界和赤道都等著妳去跨越。如果妳愛吃泰國料理，何不去一趟泰國？如果妳蒐集鞋子的習慣不亞於《慾望城市》的凱莉，或許妳該走一趟紐約去瞧瞧各種新款式。假日是「角色扮演」的絕佳機會。但就連躺在白色沙灘上，光煩惱要擦多少係數的防晒乳，都可以大書特書。

　　當然，不管目的地為何，合適的服裝是必備的，因此，妳必須先研究將造訪的國家的文化。某些國家，像是沙烏地阿拉伯，不得裸露肩膀；在日本的大街上擤鼻涕，是非常失禮的行為。同樣地，兩個金髮碧眼的女孩結伴同行，在傳統的阿拉伯國家，可能十分引人側目。在訂機票及住宿之前，花點時間把情況調查清楚是值得的。

　　如果妳還是覺得沒找到想去的地方，妳可以「謹慎地」參考朋友們假日出遊的「精選」照片，也可以上網站去，看看他們提供了哪些不一樣的選擇。

要去哪兒？

　　妳必須要知道妳要去的地方，天氣概況為何、可能會看到什麼。如果是為了工作，那就算了，因為他們會負責把妳從辦公室接到機場，再送到辦公室，然後送進飯店。如果妳會待在有空調的環境裡，天氣就無關緊要了。但如果妳是要去一個遙遠的異國，記得確認當地的雨季是什麼時候；同樣的，也不要期盼到澳洲過一個白色耶誕節。該做的功課一定要做。

　　到一個新城市去旅行，通常適合利用一個週末假期，前去逛街購物，抒解壓力。但如果要到托斯卡尼的鄉村地區，就得要有一個星期以上的假期，否則就太可惜了。

　　一旦決定了地點就要開始考慮住宿的問題，這跟妳的預算和假期長短有關，也會影響到妳要找誰同行及出遊的時間。妳

還得考慮各種民生問題，是要自理還是選擇現成供餐的旅行。說實話，有時候想體驗一下「鄉下」生活，真的很累人。

妳應該要造訪的美麗景點
克里斯多福・貝里（Christopher Bailey），Burberry創意總監

　　妳可以由很多事物得到啟發，但是旅行的效果最為顯著。我發現自己一再從英格蘭，以及我成長的故鄉中，得到許多不同的啟發，這與我在Burberry的工作十分契合。妳應該睜大雙眼，盡妳所能去看、去體驗這個世界。

　　以下的這些景點，是我個人的觀點，這些地方令我感受深刻。

約克夏的伯敦修道院

　　約克夏的伯敦修道院（Bolton Abbey）位於最美麗、尚未受破壞的英格蘭鄉間，這也是我成長的地區。勃朗特姐妹（Bronte sisters）是這兒修道院的常客。這塊土地擁有天然的山谷、湍急的河流，雖然隸屬於貴族（德文希爾公爵及公爵夫人所有），卻也與眾人同享。就是這奇特的融合，讓這片三萬英畝大的土地更顯魅力。伯敦修道院本身就是一片令人毛骨悚然、幾近恐怖的廢墟。那兒吹拂的風，彷彿想要向妳低訴它的神秘故事。

亨利・摩爾雕塑公園及布雷敦藝廊

　　西約克夏的亨利・摩爾雕塑公園（Henry Moore Sculpture Park）的中間，矗立了一些摩爾的雕塑作品，替這個區域增添了幾許異教般的奇幻氛圍。這些巨大、盛氣凌人的塑像，看上去似乎互不搭軋，卻又一派自若；遠看是粗糙、未經修飾的線條，越接近反而變得越柔和。我發現人生所有的十字路口都很不可思議。我在這附近長大，而摩爾則是來

自軍用雨衣工廠的起源地卡斯托福（Castelford），巧合的是，我現在就在生產軍用雨衣的Burberry工作。

西約克夏的沙爾特磨坊美術館

在學時曾經唸到，一八五三年沙爾特先生（Mr. Titus Salt）的磨坊，雇用了三千名員工，整個村莊就是環著沙爾特先生磨坊四周建立的。但當紡織工業開始在其他地方蓬勃發展之後，這兒就成了既蕭條又可憐的景象。後來它轉型成沙爾特磨坊美術館（Salts Mill Gallery），成為大衛·霍克尼（David Hockney）的作品，館藏最豐富的地方（他的家鄉布拉福就在附近），這種相互融合的感覺真是棒透了，舊磨坊注入了霍克尼的藝術活力，令人驚豔。

白金漢的克里夫敦之家

倫敦郊外克里夫敦之家（Cliveden House）是白金漢最優雅的建築物，現在是一間飯店，裡面有美麗、井然有序的花園及溫帶草木區，還有一座噴泉。這棟房子建於一六六六年，慘遭祝融肆虐兩次，但每次重建都比先前更為壯觀，宛如浴火重生的鳳凰。從喬治一世起，每位君王都住過這兒。維多利亞女王在她丈夫艾伯特（Albert）去逝後，也住過這兒的外屋。

維多利亞與亞伯特博物館和大都會博物館

維多利亞與亞伯特博物館（the V&A Museum）和大都會博物館（the Metropolitan Museums）是最引人入勝且最值得逗留的地方。我喜歡博物館內收藏的世界各種文化，可以讓我忘卻所有的難題，沉浸在讓人肅然起敬的靜默中，就算只是片刻都好。我愛這種平和、寧靜的感覺，還有物件被保存下來的方式。也別忘記走一趟國立肖像畫陳列館（National Portrait Gallery），我真的很愛館中的藝術品，和其中所有未盡的故事。我喜歡都鐸（Tudor）展覽室，還有他們最近打破傳統的導覽解說——你得先沒命，才能被掛在這兒的牆上，這可是英格蘭才有的說法！

東京的明治神宮

明治神宮（The Meiji Jingu Shrine）由明治天皇建於一九二〇年，用來激勵人民更上層樓，努力打造火車、大學、銀行及政府。這間用西洋杉打造的神宮，座落在175英畝的林地上，裡頭種植了日本所有的樹種，是市中心最具精神象徵、最讓人感到寧靜的地方。四月櫻花盛開之時是它最美的時候。神宮意為「Shinto」（天堂），進去之前，妳必須先洗手、漱口、拍手、鞠躬，做完這些儀式，妳就成為日本人，能夠沉醉在那片靜謐當中。如果夠幸運的話，說不定還能看到他們的儀式呢。

安特衛普

雖然我將安特衛普是放在最後，但絕非表示它不重要。我喜歡這個城市，因為它的建築、人民、文化，還有比利時的生活樣貌，都是那麼令人迷戀。他們有最棒的酒吧、最棒的餐廳。如果沒辦法每年都去一次，一輩子至少也要去一次。最棒、最值得一住的飯店是白百合酒店（White Lily）。老闆是一對姐妹花，她們會讓妳參觀所有的房間，再挑選一間自己最喜歡的住。

預訂房間

旅行的預算、日期、細節底定後，妳就要準備預訂房間了。萬歲！妳可以透過網路、旅行社或是直接跟飯店預訂房間。就算妳不在旅行社預訂，還是可以到那兒挑些小冊子回來翻翻，看看是否有其他的建議。

在預訂房間之前，要先確認妳的假期、班機、行程。也要記得確認護照有沒有過期、簽證是否都已經辦妥，避免在最後一刻遇到什麼讓人驚慌的狀況發生。

當然，你還得記得投保旅遊平安險，保障所有未知的緊急情況。一

定要在妳出發前把這些事情都處理好。如果妳忙忘了，到了機場也可以臨時加買，若是在海外有什麼閃失，妳才能得到即時的援助和保障。目前大多數的銀行，用信用卡刷全額機票，都會附送旅遊平安險，這也是一個好主意，這樣妳就可以省下一件事了。

最後，影印護照，將影本連同行程表交給妳的家人，作為緊急聯絡之用。也許這太過小心了些，但萬一妳的護照被竊離身，家人就能提供妳所需要的總總細節，好讓妳早點回家。

記住！有戰爭的地方最好不要去。

台灣之美：你不可不知道的十大推薦景點

蘭嶼

每年的四到五月，島上就開滿了百合花，夕陽草原美得妳魂牽夢縈。

合歡山

妳以為冬天才要去合歡山嗎？其實夏天的合歡山也很漂亮！山上的民宿建築不是歐式就是德式，在哪永遠覺得到了國外。

福壽山農場

到了武陵農場再往上走就是福壽山農場。夏天時的波斯菊花海非常值得一看！

台中新社鄉

想看薰衣草就要到這裡來。

花東換膚沙灘

花東地區杉原到長濱一帶，在下雨天過後，颱風過後，沙灘的顏色和景象都不一樣。

澎湖七美

這裡擁有美麗到不行的海景，雙心石滬和隘門沙灘都是必遊勝景。

旭海草原

這裡的草原雖然不太大，來這裡也需一番跋涉，但站在這裡看日昇日落，會讓妳一輩子都感動。

集集水里

這裡的綠色隧道相當有名，是非常適合騎腳踏車漫遊的地方。

菁桐

平溪再進去就會到菁桐，去看看這裡的礦坑，妳會發現，久遠的風景還不曾遠離這裡。

世界之美：你不可不知道的十大朝聖地

伊斯坦堡

對伊斯蘭文化有興趣的妳，絕不可錯過，歐非兩地的文明交融盡在眼前。

紐約

全球最首屈一指的都會，多采多姿的繁花勝景，到此一遊將永生回味。

威尼斯

到水上都市威尼斯尋幽訪勝準沒錯，而且要早點來，威尼斯每年正逐漸下沈中。

北極

有看過極光嗎？這種特別的天象一輩子應該要看過一次。

秘魯

　　古印加文明的馬雅遺跡，和熱帶雨林的體驗，看了絕對不會後悔。

雅典衛城

　　古希臘文明的代表之地，其在建築史及美術史的地位極之重要，不可小覷。

吳哥窟

　　離台灣最近的世界文化遺產之一，鬼斧神工的石廟，帶妳一探古印度的神話與傳說。

吉薩金字塔

　　直至今日，金字塔還有許多謎團尚無可解，妳敢說對名列世界七大奇蹟之一的金字塔從來不好奇？

萬里長城

　　從月球看地球唯一可以看到的人工建築物，浩瀚的歷史、變換的時空等妳去好好感受。

泰姬瑪哈陵

　　有「印度的珍珠」之稱，全大理石建造而成，堪稱是世界最美麗的陵墓，當然要去看看。

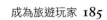

打包行李

把妳想帶的，還有妳認為該帶的東西都列成清單。想想妳要去哪裡、做些什麼事、會和哪些人碰面。看看這兩張清單是否吻合。

記得保留一些皮箱空間到國外血拼用，要不然也可以在裡面多塞一個可以折疊的大袋子，讓妳把多出來的戰利品帶回家。

盥洗用品、牙刷、化妝品、防曬用品、急救包、美髮用品一樣也不能少。妳當然可以到當地再買，但是誰真的有那個美國時間去買？帶自己的去再好不過了。別妄想飯店會有好用的洗髮精，可以讓妳把頭髮洗得滑順。手機充電器、電池，還有妳可能用得上的電話、地址，都要記得帶上。

如果東西滿得讓妳的旅行箱關不起來，試著調整一下收納的方式。如果再行不通，那妳就坐上去，再迅速地拉起拉鍊。記住，塞的東西越多，抵達目的地之後，就有越多皺巴巴的東西要處理。行李是有重量限制的，注意不要超重太多，航空公司通常都會通融一下，如果超過太多的話，就得額外支付費用。

記得幫旅行箱上鎖，當妳出門時，記得確認護照、機票、簽證都帶了。

善用袋子分類的打包法
安雅（Anya Hindmarch），飾品設計師

幫妳的包包做春季大掃除，這是丟掉壓在箱底快爛掉的收據、垃圾的絕佳機會。

我用所謂的「俄羅斯娃娃」公式，來確保自己能在短時間內把旅行包改頭換面。放幾個零散的小袋子，一個用來裝化妝品及藥品，一個用來裝錢，一個用來裝收據，一個用來裝相機，一個用來裝護照等等。這樣一來妳只需把幾個小袋子放到新的旅行包裡，再也不用花幾個小時挖出許多件小東西。妳也可以輕易地縮減旅行包的大小，只要拿出需要的小袋子，像是把化妝品小袋放在浴室，帶裝有當地貨幣的小袋去吃午餐，多麼方便。我喜歡用顏色來區別每個小袋，這樣就能輕易辨識出什麼是什麼了。

旅行箱

收拾旅行箱也是同樣的道理。我把東西分門別類裝袋，這樣可以很快地把要的東西挑出來。我用來裝盥洗用品的盥洗包，一個裝美髮用品，一個是化妝用品的包包，還有一個用來裝首飾的小盒子。內衣、襪子及換洗衣物全部裝在一起，夾鍊袋也很好用，但不能拿來裝尖銳會有尖刺的東西。這樣妳就能清點所有的袋子，知道東西是否帶對、帶齊全，不會人到了東京，才發現忘了帶某樣東西的窘況了。

把牛仔褲、毛料衣服，還有又重又大的東西放在箱子的最底層。上面可以放洋裝、外套或長形的物品，原則是：越上面的東西越輕。襯衫應該仿照在商店販售時的摺法，把質料較輕的羊毛衫捲起來，用來塞滿縫隙。洗髮精、香水、牙膏等可能會因氣壓而爆開的東西，用一個塑膠袋裝好。鞋子記得要用專屬袋子分開包。

我通常會把衣服連衣架一起打包，中間塞一層紙，這樣從箱子裡拿出來後，就能直接掛到衣櫥裡。飯店裡的衣架不是沒掛鉤，就是數量太少不夠用。

　　妳要當作妳一定會被海關抽查那樣，來打包妳的旅行箱，別讓它害妳出糗。最好把雜七雜八的東西都放在一個束口袋裡，也不要讓它們全攤在緝毒犬的面前。最後，用一個獨一無二的標誌來裝飾外箱，可以是一個蝴蝶結，或是一條緞帶。當它被送上行李輸送帶時，讓妳能一眼認出來就行了。

旅行時的服裝搭配
安琪拉‧琳瓦（Angela Lindvall），名模

　　「打包已經成為一種藝術。不管是短期出遊還是長途旅行，妳總不希望發現自己『沒衣服可穿』。不要打包太多東西，帶些可以換著穿的衣物，例如：一件長褲至少應該有三件上衣可以搭配。

　　多層次穿著是個不錯的選擇，方便穿脫，畢竟沒人能夠精準預測天氣的狀況。

　　但該帶的也別少帶了。

　　一定要帶件夾克，就算是到溫暖的地方也一樣，妳不會想在太陽下山後被凍著吧。

　　不要帶太多雙鞋，它們可是很重的，試著帶兩雙鞋換著穿就好。記得在高跟鞋裡塞入紙團、領巾或是捲起來的襯衣，這樣塞在旅行箱裡才不會變形。

　　配件對旅行者而言是很重要的。它們雖小，卻可以改變、修飾妳的模樣（皮帶、珠寶跟領巾都是不佔空間的東西）。洋裝也是旅行時的好選擇，因為妳可以把它們捲起來塞進旅行箱，而且一件就是一整套。穿洋裝不管何時都是個好主意，需要去正式場合時就能派上用場。最後，一條很棒的帕什米爾披肩是絕對必備的物品，它不僅可以幫妳做造型，而且還很實用。在飛機上可以拿來蓋在身上，傍晚時還可以披在肩上。

如何旅行

要不要像貴婦般闊氣地旅行取決於妳,這跟妳是不是上流社會的人,或是不是擁有整組的LV旅行箱,完全沒有關係。

妳可以將各種交通工具都列入考慮:最不舒服的雙輪馬車、最昂貴的私人專機、最羅曼蒂克的輕舟(gondala)、最環保的滑翔機或小船。完全由你決定。當然還有汽車、客運及火車。但為了讓旅行更有趣,妳何不選擇搭乘東方快車(Orient Express)、西伯利亞鐵路號(Trans-Siberian Railway)或歐洲之星(Eurostar)、日本的北斗星,而非一般通勤的交通工具。妳也可以從獨木舟到汽艇,搭遍所有的船。當然還有飛的,私人直昇機和熱氣球也不賴。馬車、大象、駱駝也是另類選擇,可是牠們的速度不快,坐上去的娛樂程度也很有限。

旅行簡史

「我愛飛行。我去過的地方,幾乎跟我的行李一樣多。」

鮑勃・霍普

雖然人們永遠都在仰望天空,但在四〇年代之前,它都還是鳥類的專利。一四九二年,達文西開始畫飛行器,將其理論化,但在蒙哥菲爾(Montgolfier)兄弟於一七八三年發明熱汽球之前,都沒有什麼進展。一七九〇年腳踏車問世;一八一四年鐵路火車頭也來報到。一直到一八八九年,斐迪南・馮・齊柏林(Ferdinand von Zeppelin)發明飛船,才有交通工具成功飛離陸地。一九〇三年,萊特(Wright)兄弟發明了第

一架動力飛機，比亨利‧福特（Henry Ford）跟他的汽車還要早了5年。接著人類於一九六九年登陸月球。一九七〇年第一架波音七四七飛機起飛。隨著波音七四七、商務飛行還有協和式超音速噴射客機的腳步，世界各地的距離變得更近了。接下來妳會看到太空假期終將成真。讓我們升空吧。

機場裡的消遣娛樂

提早到達機場是必要的，妳不僅能有充裕的時間辦理登機、行李托運、入關安檢，更重要的是，早到可以劃到最好的座位。

座位升等不是每天都會發生的事，可是機率還是比中樂透大些。誰的座位貼近艙壁，誰的座位靠近廁所，都隨那個坐在櫃台後方的人高興。保持微笑！記住，妳坐得舒不舒服全看辦理登機人員的心情，而非這個航班賣出了多少座位。

請打扮得整齊清爽，但不要整齊到妳自己都覺得不自在。太笨重的長裙，調整型內衣和多餘的鋼圈，會讓金屬探測器警鈴大作，寬邊的帽子會妨礙妳在飛機上看電影。

在經濟艙，妳可以要求的好座位是在緊急出口旁邊。雖然那裡可能比較冷，可是妳的腿也比較有伸展的空間。如果是長途飛行，記得選擇飛機前端靠中間的座位。那裡是預留給兒童搖床和小孩的區域，空間稍大。缺點是帶著大聲啼哭嬰兒的旅客會被分配到那兒。但如果妳因為要讓出空間給兒童搖床

而被請走，那妳就有機會獲得升等了。

　　隨身行李裡，可以放一罐潤膚乳、臉部保濕噴霧、數位相機、一本書、一大瓶水，還有襪子。

　　別低估妳可以在免稅店裡找到的東西。當然這只適用於大型的國際機場，如果是在偏遠地區，妳能找到上個星期的英文報紙就偷笑了。舉凡聖羅蘭的的明采筆、新款香水，在免稅店採購絕對錯不了。就好像趁百貨公司在大特價的時候，花短短幾個小時去採購吧。唯一要注意的是，免稅店不一定有最新款的商品。不過話說回來，紅色的唇膏或是香奈兒五號香水，什麼時候退過流行了？

如何避免時差與暈眩

　　如果妳是經常飛過時區、環遊世界的貴婦，早晚會遇到這些問題。避免喝含有咖啡因和酒精的飲料、別吃妳不知道的食物，也不要與人閒聊，儘快讓自己適應要前往的時區。

　　如果妳是要到西邊旅行，最好在傍晚抵達，這樣離睡覺時間不會太久，起床後又是一尾活龍。如果妳是要到東邊旅行，試著在早上到達，搭晚班的飛機、看部電影，然後就熄燈睡覺。飛機降落時妳再醒來，時間正好是白天。千萬不要輸給瞌睡蟲，那會讓妳的生理時鐘大亂。如果妳在飛機上睡不著，把眼睛閉上，聽些輕柔的音樂，音樂聲要蓋過飛機引擎的聲響，還有任何小孩的哭鬧聲。

　　機艙裡的氣壓的確會讓人情緒亢奮。為了避免與陌生人一起在空中亢奮，或者是因為那位送餐的空少而神魂顛倒、魂不守舍，妳最好專注於看那些妳之前一直很想看，但卻死不承認的爛片。

　　不要在飛機上看很費神的影片，像是空難或死亡、恐怖殺戮等等情

節的電影。也不要在飛機降落前半個小時才開始看電影，片子看不完，妳不知道結局，也租不到那部片，這件事會一直困擾妳。只要捲曲身子、靜靜坐好就好。離家時生病絕非好事，但有時旅途的顛簸就夠讓人難受的了。別讓這些因素影響到妳的冒險之旅。

如何入睡

心裡掛念太多事是很難一翻身就睡著的。試著把全部的憂慮都丟在辦公室，或假期結束之後再說。妳不會希望有眼袋的。如果妳會認床、有時差等問題、不知道現在是幾點，儘管拉上窗簾、閉上眼，試著讓心情放輕鬆。

聽些讓人心神寧靜的音樂。泡個舒服的澡，喝杯舒緩情緒的甘菊茶。有人可以幫妳泡杯可可嗎？讓房間光線昏暗、舒適，選一張柔軟又舒服的床。在枕頭上滴幾滴薰衣草精油。如果這些方法都無效，那就看點東西，一直到妳的眼皮重到睜不開為止。數羊、數收據、算卡路里、算帳，絕對會讓妳無聊到快睡著。

清算自己犯過的錯、買過的鞋，還有妳想做的事情，只會讓妳頭腦更為清醒。不管妳多麼天生麗質，每個人都必須睡足美容覺。最好可以一個晚上睡滿八個小時，這樣才能養足精神，打扮有型、繼續戰鬥。

計程車

叫計程車不是最難的，難的是找到一台計程車，並讓它停下來。

倫敦有一萬九千輛計程車，巴黎的計程車則是倫敦的四倍多；紐約市大約有一萬二千輛，但是通常當妳需要的時候，一輛也沒有。

在倫敦，計程車司機必須通過「知識測驗」（the knowledge），他們得花上一年到四年的時間，認識城鎮四周所有的路線。「taxi」（計程車）是「taximeter」（車費指示器）的縮寫，而車費指示器是在一八九一年時，由布魯恩（Wilhelm Bruhn）所發明，用來測量行駛的里程數及應收費用。一八三八年開始有了計程車執照，不過早在十六世紀，就有駕駛郵車的馬車夫開始執業。

　　在倫敦如果看到計程車上的橘燈亮著，只要舉手就可以把它們攔下來。誰先找到誰先搭。在紐約，表示空車則是閃白燈，不過這個燈跟不是很受歡迎的「休息」標誌又很像。在歐洲其他地方就要憑運氣了。巴黎的計程車就像歐洲多數地方一樣，只在正式的計程車候車站停靠，司機多半不願改變規則，跑去拯救一個無依無靠又困惑的旅人。在倫敦最好是搭黑色計程車；在紐約就搭黃色的。

給小費的藝術

全世界給小費的方式不盡相同。在美國給小費顯得太過頭，在歐洲又顯得十分小氣。在亞洲給小費又可能會產生冒犯之意。了解妳所在國家給小費的正確方式，才能避免自討沒趣。

在日本和中國是不用給小費的，因為服務費已經內含了。德國、印度、埃及的服務費為消費額的10%，英國、愛爾蘭、義大利則是介於10%到15%之間。在美國就是20%以上。除了美國，其他地方通常都要給餐廳及計程車小費。美國就不同了，每次只要有人說：「祝您有個愉快的一天」，就有另一把鈔票跟妳說再見。與其對給小費感到忿忿不平，不如替它編列一筆預算。畢竟，每個旅遊玩家都知道「入境就是要隨俗」。

螺絲起子與高跟鞋

什麼都難不倒美麗的妳！

作　　者：卡蜜拉‧莫頓（Camilla Morton）著
譯　　者：黃詩芬、留之予、陳慧如、何佳芸、李今尹
插　　畫：張郁翎、黃可萱
發行人：賴任辰
社長兼總編輯：許麗雯
主　　編：劉綺文
美　　編：陳玉芳
行銷總監：黃莉貞
行銷副理：黃馨慧
發　　行：楊伯江
出　　版：高談文化事業有限公司
地　　址：台北市大安區10696忠孝東路四段341號11樓之三
電　　話：（02）2740-3939
傳　　真：（02）2777-1413
http://www.cultuspeak.com.tw
E-Mail：cultuspeak@cultuspeak.com.tw
郵撥帳號：19884182 高咏文化行銷事業有限公司
製版：崧展製版（02）2246-1372
印刷：松霖印刷（02）2240-5000
行政院新聞局出版事業登記證局版臺省業字第890號

2006年10月初版一刷
定價：新台幣300元整

國家圖書館出版品預行編目資料

螺絲起子與高跟鞋——什麼都難不倒美麗的妳！／卡蜜
拉‧莫頓（Camilla Morton）著；黃詩芬等譯，——初
版，——台北市：高談文化，2006〔民95〕
　　面：16.5×21.5公分（時尚館 6）
　　ISBN 978-986-7101-39-6（平裝）
　　1.生活指導　2.婦女

177.2　　　　　　　　　　　　　　　　　95016719